35歳からの後悔しない転職ノート

黒田真行
Masayuki Kuroda

大和書房

はじめに

ミドル転職は、実は極めて難しいという事実

社会に出た１９８８年にリクルートで人材採用事業に携わり、その後「リクナビＮＥＸＴ」編集長や大手転職エージェント会社・リクルートエージェントの企画責任者を務めるなど、長期にわたって「人と仕事」が出会う転職市場に関わる仕事をしてきました。

そんななか、もっともっと適材適所が実現できるマッチング手法の開発などができないか、という思いを持つようになり、２０１４年にリクルートを退職。実力に関係なく年齢だけで不採用になりがちな〝35歳のミドル世代〟専門に転職支援を行なう会社・ルーセントドアーズをスタートさせました。行なっているのは、求人ありきの既存の転職サービスとは真逆で、登録いただいた方の豊富なキャリア（匿名の職務履歴）を、〝いい人材がいれば出会いたい〟と潜在的に考えている経営者3万人にダイレクトに提案していく職歴打診型サービスです。

おかげさまで、求人起点のサービスでは考えられなかったような人と企業の出会いを大きく増やすことができはじめています。しかし一方で、**求職者の側に、ミドル転職の難しさがまだまだ知られていない**、というもどかしさをずっと感じてきました。

２０２０年が明け、新型コロナウイルス騒動が起こるまでは人手不足がささやかれ、人材採用のマーケットでも長く売り手市場が続きました。しかし、そんな時期であってすら、実はミドルの転職が決して簡単なものではなかったという本当の現実を語る人はあまりいませんでした。

募集において年齢制限をかけることは法律で禁じられています。しかし、だからといって採用側が年齢をまったく気にしていないのかというと、そうではありません。**実態は中途採用でも若い人が求められている割合が圧倒的に多いのです。**

ホワイトカラーやエンジニアを対象とした、正社員の中途採用市場で募集されている人材は、大企業やベンチャー企業ではせいぜい32歳まで。もっとリアルなところでいえば、30歳までという年齢制限があることも一般的。それを過ぎたら、よほど専門性が高い人でないと採用プロセスには進んでいきません。

不用意に会社を辞めたりしたら、大やけどを負う

中小企業を含めた市場全体で見ても、35歳を過ぎると応募できる案件は半分になるというの

が、中途採用市場の特徴です。40歳を過ぎたらさらにその半分、45歳を過ぎるとさらに半分と、求人ニーズは減っていきます。

こうした現実があるにもかかわらず、新卒採用をはじめとした若い人材の売り手市場が進むなか、**一部のスペシャリストで年齢不問の採用が増加しただけで「年齢の壁はすべてが崩れた」という、実態とかけ離れたニュースが独り歩きしていきました。**

会社によっては、ある世代が抜け落ちている、だから年齢構成を補正するためにミドル世代が必要だ、などというケースもありますが、実際にはそれが大勢に影響を及ぼすことはありませんでした。**会社のホンネは、人件費も低く、定年までの残期間という観点でも長く働ける若い人材を中心に採用していきたいというものです。**

こうした実態を知らずに、いきなり30代、40代で転職マーケットに出てくると、まさに厳しい事態に直面する可能性があります。不用意に会社を辞めて転職市場に打って出ると、大やけどをしかねない。実際、「中高年世代にとって転職のチャンスが拡大している」というニュースに影響されて会社を退職し、苦労している人も少なくありませんでした。

とりわけ、「こうでなければならない」という特定のバイアスに左右されている人や、「この給料は絶対に譲れない」といった目先のことへのこだわりが強い人は、それに振り回されて厳しい状況に追い込まれることもあります。

リストラの対象者は、どんどん低年齢化している

そんな状況にあるのなら、ミドル世代になって転職などしなければいいじゃないか、と考える人も少なくありませんが、そうは言っていられない実情も、一方ではあります。

すでに多くの報道がなされていますが、**40代、50代の中高年を対象とした希望退職という名のリストラを行なう企業が、どんどん増えてきているのです。**中高年の人件費を削れば、会社としては大きな固定費の削減になるからです。内閣府の調査でも、事業活動に活用されていない「雇用保蔵者」という名のリストラ予備軍が４００万人以上いると発表されたこともあるくらいですから、この数字は今後まだまだ増える可能性があります。

実際、かつて自分が仕えていた上司が、会社の希望退職に応じて退社してしまった、という体験をしている人も増えているのではないでしょうか。もしかすると、いずれ自分も上司のようになるのではないか、という不安に怯える人も増えています。

そしてリストラの対象者は、どんどん低年齢化してきているのが実情です。かつては50歳以上だった希望退職者の対象が、45歳以上に、さらに最近では**40歳以上というケースも珍しいものではなくなってきました。**

急激に業績が悪化し、後に外資系の傘下になったシャープや、不祥事をきっかけに大規模なリ

ストラを余儀なくされた東芝もそうでしたが、「会社が危ないのではないか」とすばやく気づいた察知能力の高い人は、早く見切りをつけて会社を去っていきます。

大企業では、早いタイミングで将来を予測して会社を出ていく人に対して、極めて冷たい目を向けるケースもあるようです。こんなタイミングで外に出るなんて無謀だ、などと言われたりする。しかし結果的には、**早く出た人のほうが転職のチャンスを手にする確率は高まります。**早期であるほど、その大企業出身の転職活動者がまだ少なく、希少価値が高いからです。

一方で最後まで会社に残ったことで、悲劇的な状況に陥ってしまった人もいます。追い詰められた状態で、しかもすでに希少価値もなく、同じ会社出身の仲間が大量に転職市場に出てきている競争のなかで転職先を探さないといけなくなります。報道などによって企業のブランドイメージも毀損していることもあるので、さらに難易度が上がってしまいます。

希望退職では再就職支援をしてもらえるケースもありますが、あくまで支援であり、希望する仕事への就業を確約してもらえるものではありません。

なかには給料が激減、経験が活かせるとはとても言えないような仕事をかろうじてハローワークで見つけて、歯ぎしりで歯が折れそうなほど悔しい日々を送っている人もいる。実際には、そういうケースが多いと思っておいたほうがいいかもしれません。

もっと言えば、年収１５００万円をもらっていた大企業の部長が、求職活動を１年以上続けた挙げ句、希望の仕事に就職できず、不本意ながら時給１０００円のアルバイトでしのがなければいけないケースもあるのが現実なのです。

一方で希望退職に応じなければ、これはこれで厳しい未来が待っています。大企業に勤めていた人が、本意ではない子会社で、まったくやったことがない職種に異動になった、というケースで悩みの相談をいただくこともあります。

「一時的に給料が下がっても」という選択ができるか

最も危険なことは、自分のキャリアについて真剣に考えず、結局、逃げ遅れて選択肢を失い、想定外の厳しい状況に陥ってしまうことです。業界や会社の業績が明らかに下降トレンドで、明るくない未来が想像できるのに、「まあ、うちはなんとかなるだろう」と、自分だけは大丈夫と思い込む「正常性バイアス」に惑わされたり、目先の年収にとらわれて、未来につながる新しいキャリアの選択に踏み出すチャンスを失ってしまう。そんな状況だけは是が非でも避けたいところです。

キャリア形成において最も重要なことは、自分で人生の主導権を握るという意識を持つことです。自分の足で事実を集め、自分の頭でしっかりと考え、自分で自分の仕事人生を切り拓いていく「態度」を持てるかどうか。

世間体や横並びを過剰に意識する日本人は、とかく人生の重要な判断さえも他者に預けてしまいがちです。自分のかけがえのない人生については、もっともっと自分でオーナーシップを取っていくべきではないでしょうか。

たとえば、転職して一時的に給料が下がったとしても、10年後に社会から必要な人材になっていれば十分に取り返すことは可能です。しかし、とりわけ一度も転職したことがない人は、こういう発想になかなか至りません。だから、目先の収入や、目先のブランドイメージにとらわれてしまったりする。

35歳からの転職では、新卒時や20代の転職とは異なる、マインドチェンジが求められるという認識が必要なのです。

それができずに、間違った認識のまま転職市場に出てしまうとうまくいきません。実際、転職の最終面接でつい気を緩めて、「有給休暇はいつから使えますか?」などというピント外れな質問をして、不採用となってしまったケースもありました。

新卒時に影響を受けた就職人気ランキングに、30代になっても左右されてしまう人がいます。しかし、学生にとっての憧れの企業は、一度も働いたことのない人たちの人気投票を反映したものでしかありません。後に紹介しますが、社会人になってからの人気企業のランキングは、まったく違う結果になるのです。

もとより、**ブランド志向は「ゆでがえる」を生む最も危険な兆候です。**価値の源泉が会社側にあると、会社のプレゼンスが変わっているのに、それに対応することができない。自分が置かれている状況はどんどん厳しくなっているのに、その現実に気づくことができなくなります。

10年後、20年後は、あっという間にやってくる

つまり私たちは、会社というものの現実を、もっともっとシビアに認識する必要があります。会社が一生、従業員を守ってくれるとは限らないのは当たり前の時代です。とはいえ会社という組織は、働き盛りの40代前半くらいまでは、社員のモチベーションを下げずに生産性を最大化させるために、淡い出世期待を抱かせながら、最速で走るようにインセンティブ設計をしています。しかし、それが終わってもう「伸びしろ」がなくなったら、遠慮なく社員を代謝しようとします。そうなってしまったタイミングで、受動的に転職市場に出てしまい、思わぬ苦労をする人が大勢おられます。

今、必要なことは、この厳しい状況を認識しておくこと。そして、複数の選択肢を手に持っておける状況を常に作っておくことです。何かあったとき、二の矢、三の矢を繰り出せる状況を作っておく。今は、多くの人がキャリア受難に対して無防備・無警戒すぎる状態です。とはいえ、この先何が起きるかは、誰にもわかりません。今、この会社を出たときに何ができるのか。どんな選択肢があるのか。それを常に意識しておくことからのスタートです。

会社に依存をすればするほど、どんどん自分の値段を下げていくことになります。需給バランスとは、そういうものです。そしてこの先、中高年にとっての状況は、ますます厳しくなることは、ほぼ確定していると考えていいと思います。多くの会社が、歪《いびつ》な人員構成になっているからです。中高年の大量排出は、今後10年は続くでしょう。

35歳からの転職を相談できるところがない

今、35歳の方々に知っておいていただきたいのは、10年後、20年後はあっという間にやってきてしまうということです。だから、早いタイミングで長い職業人生を意識して準備をしたほうがいい。だから私は、10年先を見て、自分と対話をしていくことをおすすめしています。

10年後の自分を考えてみること。

会社選びではなく、仕事選びをすること。

視線を広げ、視点を転換させていくこと。

自分のポテンシャルを広げる努力をしていくこと。

しかし、こういうことを相談できるところがない、という声をよく耳にします。後に書きますが、**35歳を超えると、転職エージェントのようなプロフェッショナルからも、声がかかる機会は減少し、こちらから依頼しても話を聞いてもらうことすら難しい場合もあります。**

それは、転職エージェントが依頼を受けている求人の多くが35歳までだからです。**35歳以上を歓迎する求人の多くは、年収で700万円以上のハイスペック案件に限定されます。**転職エージェントから見ると、スペシャリティがない35歳以上の求職者は中途採用がなかなか決まりづらい＝売上になりづらい属性なのです。

年齢が高くなればなるほど転職活動の相談先も減っていくというのが、今の現実です。それが、私がこの本を作る動機でもあります。

年を重ねるほど、深刻度が上がっていく以上、早くから準備をすることしか対策はありません。とはいえ、誰も確実に10年先が読み通せるはずはありませんから、対策といっても仮置きでいいのです。後でいくらでも書き直して構わない。**とにかく自分の頭で考えた、ひとつの道しるべを作っておくことが大切です。**それを戦略的に考える。そのためのワークショップを本書では用意しました。

サクサクッと、すぐにできるワークではありません。時間をかけ、ゆっくり取り組んでみてください。そうすることで、たくさんのことが見えてくると思います。

自分で考える自分のキャリアに、見栄を張っても仕方がありません。盛ったところで誰に見せるものではないのです。素直な気持ちで、挑んでみてもらえたらと思います。

10年先を考えるための戦略立案ノート、始まります。

目次

CHAPTER 1 自分の人生を選ぶ

STEP

1 まずは現在地を知る

STEP

2 本当の自分を見つける

STEP 3 理想の仕事を考えてみる

STEP 4 一度、振り切って考えてみる

STEP 5 未来に踏み出す

CHAPTER 2

35歳からの「転職の思考」

CHAPTER 1

自分の人生を選ぶ

STEP

1

まずは現在地を知る

仕事人生は意外に短いことに気づいていますか？

人生１００年時代といわれますが、今のところ多くの人の人生は90年くらいになるのではないかと思います。そうすると、人生の真んなかは45歳。そして、次ページに「90歳寿命で考えるキャリアＭＡＰ」を置いてみましたが、人生はそこを境に大きく6つの期に分けられると私は考えています。10歳までの育成期、25歳までの学習期、そこから45歳までの加速期、さらに65歳までの安定期、80歳までの円熟期、そして90歳までの静活期です。

私は多くの人の仕事やキャリアの相談に関わってきて、自身の「現在地」をイメージできていない人がとても多い、という印象を持っています。

たとえば35歳であれば、加速期。あと10年で安定期に入ろうか、という時期です。10年なんて、まだまだ先だと思われる人も少なくありませんが、**皆さんの10年前は25歳。そこから35歳になるまで10年間は、さてどんなスピードで駆け抜けていったでしょうか。**

90歳寿命で考えるキャリアMAP

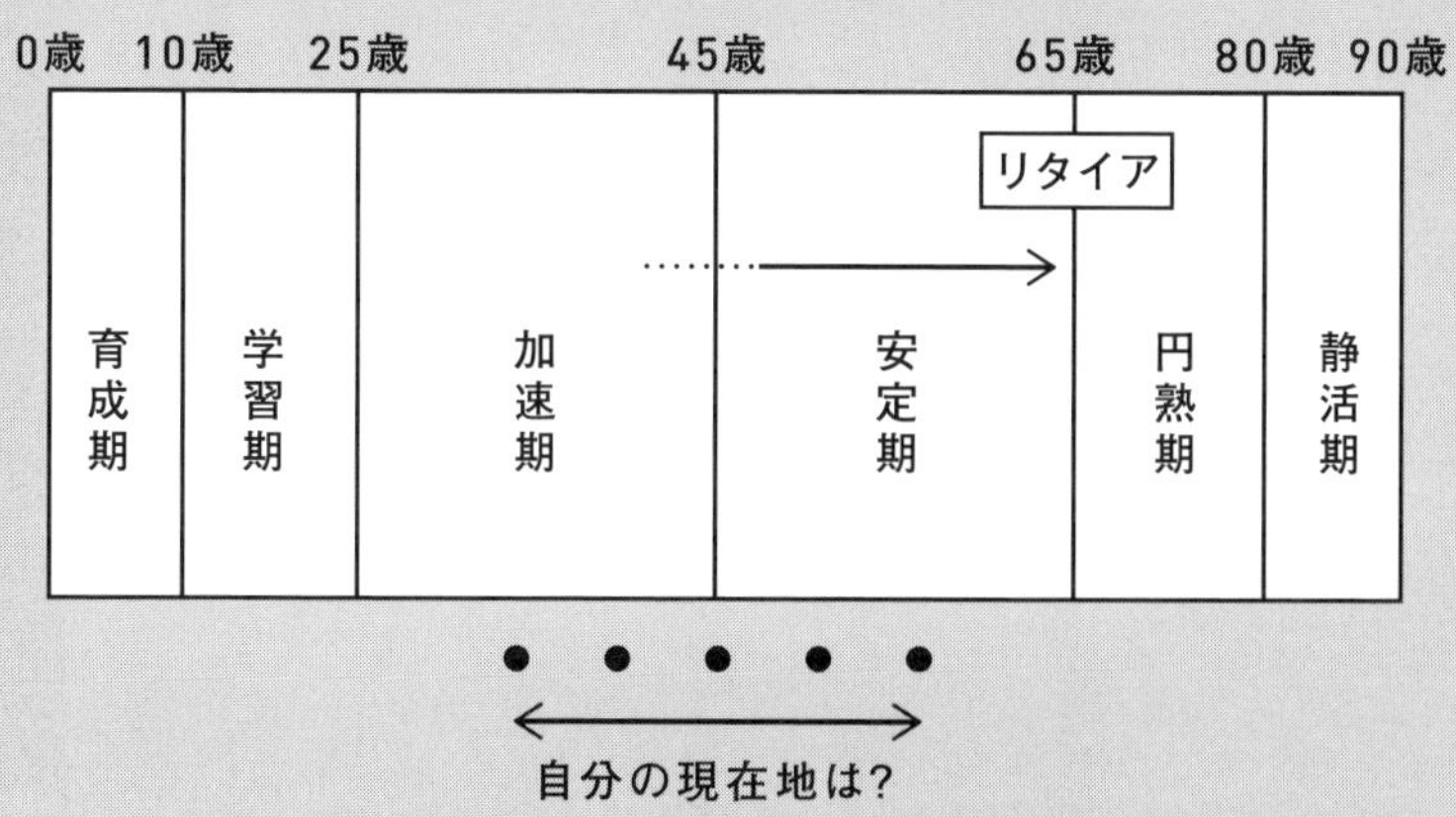

第1期　生まれてから最初の10年は、体と心をはぐくむ「育成期」

第2期　10歳から社会人4年目くらいまでを「学習期」

第3期　25歳から45歳までの仕事人生前半が「加速期」

第4期　65歳の定年リタイアまでの仕事人生後半が「安定期」

第5期　80歳までのリタイア生活を「円熟期」

第6期　90歳までの最後の10年を静かに暮らす「静活期」

過去10年間があっという間に過ぎたという人は多いと思います。つまりそれと同じくらいのスピードで、あっという間に10年は過ぎ去ると考えるのが自然です。つまり今35歳の皆さんはあっという間に45歳になる、ということです。

しかも、多くのケースで、会社からの仕事リタイアは65歳です。**実は人生で働けるのは、せいぜい40年なのです。**仕事人生というのは、意外に短い。そして65歳の定年は強制退場ですから、元気であろうが、やる気があろうが、力が有り余っていようが、会社にはいられない。これが会社員人生の現実です。

35歳にとって、何よりの価値は時間がまだあること

皆さんの現在地が35歳だとして、さて今、何をするべきでしょうか。見極めなければいけないのは、果たしてこのままでいいのかどうか、ということです。**このまま30年、ひとつの会社で過ごせるのかどうか。それをシビアに見極める必要があります。**

40代、50代と年を経ていくごとに、新しいキャリアを作る転職は難しくなっていきます。言葉を変えれば、早いタイミングで先々を見越した準備をしておいたほうがいい、ということです。

たしかに、当たり前にひとつの会社で40年を過ごし、定年でリタイアすることができた時代もありました。しかし、これからその時代が続く保証はどこにもありません。そうなれる人もいる

かもしれませんが、あなたがそうなれる保証もない。

さらに、65歳で強制的にキャリアを断たれてしまうような生き方で本当にいいのか。もしかすると、会社を離れても働けるような選択、あるいは強制的なリタイアのない働き方ができるのではないか。

そこで考えるべきなのは、1社1職種で終わるのではなく、複数の会社や複数の仕事を2つ、3つと経験するという生き方です。そこに気づけば、一時的に給料が減る転職も選択できるということがわかります。後でキャリアを深めて、取り返せばいいのです。また、長く働くことによって、長く報酬を手にしていくことも可能になります。

35歳の皆さんにとって、何よりの価値は45歳よりも10年余計に時間がある、ということです。時間こそが価値なのです。アラブの大富豪であっても、時間だけはお金で買えません。これこそ、お金を超える最大のバリューなのです。

その大切な時間をどうやって使っていくか。どうやって意義あることに使っていくか。まずは、そこに意識を深めてもらうためにも、次のワークシートに取り組んでみましょう。

自分がいつまで働きたいのかのゴールを定め、自分の現在地を知り、残期間を可視化するための「キャリア年表」です。

キャリア年表

大学在学中から卒業、就職から現在まで、さらにはリタイア後について塗りつぶしてみてください。

	1月	2月	3月	4月	5月	6月	7月	8月	9月	10月	11月	12月
〜20歳	大学											
21歳												
22歳				就職 1社目 A商事								
23歳												
24歳												
25歳												
26歳												
27歳												
28歳												
29歳												
30歳	転職 2社目 Bコンサルティング											
31歳												
32歳												
33歳							転職活動			転職 3社目 Cシステム		
34歳												
35歳												
36歳												
37歳												
38歳												
39歳												
40歳												
41歳												
42歳											現在	
43歳												
44歳												
45歳												
46歳												
47歳												
48歳												
49歳												
50歳												
51歳												
52歳												
53歳												
54歳												
55歳												
56歳												
57歳												
58歳												
59歳												
60歳												
61歳												
62歳												
63歳												
64歳												
65歳			定年	リタイア								
66歳												
67歳												
68歳												
69歳												
70歳												
71歳												
72歳												
73歳												
74歳												
75歳												
75歳〜												

ポイント

残された白いマスが、あなたに残された時間です。こうやってみると、意外に多くないことに気づけます。この時間をどうやって使うのか。最も危険なのは、何も考えないまま、これまでの10年のようにあっという間に月日が流れていくこと。40代、50代に悲劇的な状況に陥らないためにも、戦略的に考えていく必要があります。（キャリア年表は、最後までワークを済ませたらまた立ち戻ってきます）

	1月	2月	3月	4月	5月	6月	7月	8月	9月	10月	11月	12月
～20歳												
21歳												
22歳												
23歳												
24歳												
25歳												
26歳												
27歳												
28歳												
29歳												
30歳												
31歳												
32歳												
33歳												
34歳												
35歳												
36歳												
37歳												
38歳												
39歳												
40歳												
41歳												
42歳												
43歳												
44歳												
45歳												
46歳												
47歳												
48歳												
49歳												
50歳												
51歳												
52歳												
53歳												
54歳												
55歳												
56歳												
57歳												
58歳												
59歳												
60歳												
61歳												
62歳												
63歳												
64歳												
65歳												
66歳												
67歳												
68歳												
69歳												
70歳												
71歳												
72歳												
73歳												
74歳												
75歳												
75歳～												

あなたが勤めている会社の未来は大丈夫ですか？

あるとき知人を介して、私のもとに相談者がいらしたことがありました。大手新聞にお勤めの30代の方です。新聞社の仕事にはとても意義を感じている。しかし、このまま今の会社にい続けて、本当にいいのかどうか、と。

聞けば、同期のなかには外資系のウェブメディアやＩＴ系のメディアベンチャー企業などに転職していった人もいるそうです。話を聞いていて、典型的な例だな、と思いました。

大手新聞社では今、新聞の発行部数が毎年約５％ずつ落ちています。これは公表されていることでもあるので驚くことではないかもしれませんが、働いている人たちは、この数字を冷静に受け止める必要があります。毎年約５％ずつ減っているということは、単純計算で１００あった部数が10年後には60を切ってしまう、ということになるからです。

実際には、そんなことにはならないのかもしれません。しかし、新聞社の経営がかなり厳しくなっているのは事実です。新聞という本業の事業は赤字で、不動産事業で利益を上げている会社もあるほどです。過去には、倒産を経験している新聞社もあります。

もちろん新聞社のなかでも50代、60代のベテラン記者は逃げ切れるかもしれません。しかし、40代以下はどうなのか。**あと20年、会社は今のような給与水準で社員を雇うことができるかどうか。**それを察知したからこそ、転職していった同期がいたのだと思うのです。

ところが、この方は悩んでおられました。私に対して新聞の社会的意義や自分の仕事がいかに大切な仕事なのかを力説されるのです。しかし、ではなぜこのような苦境に陥っているのか、ということについて質問しても、なかなか明快な返答が得られませんでした。

言い方は厳しいですが、見たくない現実を見ていないのではないか。私にはそう見えました。おそらく、上司も、先輩も、職場全体がそうなのだと思います。そして、どうすればこの状況を脱することができるか、についても思考は止まってしまっている。

間違えてはいけないのは、選択するのは消費者だということです。消費者が価値あるものだと思えば、そのサービスを購入しますし、そうでないと思えば買わない。それが、資本主義のメカニズムです。そこに厳しい目で向き合い、**消費者が本当に求めているものに応えてくることができたのかどうか。**そこにこそ、意識を向けないといけない。結局、何度もやりとりをして、ようやく私の真意を理解してもらえました。しかし、そのためには大変な時間がかかりました。いかに周囲からの強いバイアスに押しやられ、「洗脳」されていたか、ご本人が気づいて驚くほどでした。
これは新聞社に勤める方に限らないと私は感じています。それこそメガバンクに勤めておられる方、メーカーに勤めておられる方、デパート勤務の方のなかにも、この方と似た状況の方がたくさんおられるのではないかと思います。

支店がどんどん縮小し、営業要員の数が以前ほど必要なくなっている銀行で働くことが、果たしてどんな未来につながっているか。次々に新興国から競争相手が現れるメーカーはどうか。人口が減少し、新型コロナウイルスの影響で訪日外国人旅行客も減った今、売上が下がり続けているデパートはどうか。**勤めている会社の売上はどのように推移しているか。その中身はどのようなものか。利益水準はどうか。シビアに見極める必要があります。**

また、企業の未来がどう評価されているのか、端的に表しているのは、株式市場です。株式時価総額がどのような動きを見ているかという観点でも、チェックしておいたほうがいいでしょう。

業界の地盤沈下はリスクではない。すでに危険は顕在化している

リスクという言葉がよく使われますが、リスクというのは本来、予測できない危機を意味しています。「見えない、わからない」ということがポイントです。したがってリスクを取る、というのは、見えないことに踏み出すということです。しかし、業界の地盤沈下はリスクではありま

せん。それはすでに予測できていることだからです。不確定なものではなく、すでに顕在化している危機なのです。ここの認識がずれると後悔する事態を招くことになりかねません。

転職をするとき、付加価値の高いスキルを持つ人は、採用する企業から高い評価を得て、それに連動して収入も高くなります。選択肢としての転職機会も多いことは想像いただけると思います。逆に、付加価値が低いスキルしか持っていないと、評価を受けられず、収入も低くなり、転職の選択肢も減少します。

これは実は会社も同じです。**高い付加価値を持つ会社と、そうでない会社があるのです。**前者は社会からも高く評価され、給与水準も高く、社員のポテンシャルも高い。後者は、この逆になります。すると必然的に、付加価値の高い会社に、付加価値が高いスキルを持つ人が集まることになります。そして、そうでない会社は、付加価値が高い人を採用しづらくなります。優秀な人が集まる会社と、集まらない会社、それぞれの未来がどうなるかは皆さんご想像の通りです。

ましてや今は、インターネット時代。情報の非対称性がどんどん高まっています。リクルーティング広告で、いくら自社のいい面だけを並べ立てたとしても、口コミサイトに行けば、すぐに実態はバレてしまう。本当のことが、オープンにどんどん知られていく世の中になっているのです。

では、あなたが勤めている会社の未来は、いったいどんな予想図が描けるのでしょうか？　次のワークをやってみていただけたらと思います。

会社の未来を見る

ざっくりで構わないので会社の5年分の
売上高・営業利益を書き出してみてください。

	売上高	営業利益
昨年		
2年前		
3年前		
4年前		
5年前		

会社や業界をめぐる3大ニュースはどのようなものでしたか?

● ポジティブな3大ニュース

● ネガティブな3大ニュース

ファイブフォース分析で自分の未来を考えてみましょう。

次世代・若手人材に追いつかれるリスクはないか？

最新のスキルを身につけた若手が成長してきている。

新しいスキルや知識の更新はできているか？

知識ゼロで今から勉強して評価されるスキルがあるかどうかわからない。

同世代・同職種ライバルに負けないか？

上流業界からの転職者が増加している。

企業に評価してもらえ続けられるか？

既存事業の衰退で新規事業への投資拡大。今までの経験がいつまで求められるか不安。

代替労働力（AIや派遣社員など）に置き換えられないか？

セールスオートメーション化で営業人員が削減される可能性が高い。

ファイブフォース分析とは、マイケル・ポーターが提唱した業界分析手法。「売り手の交渉力」「買い手の交渉力」「競争企業間の敵対関係」「新規参入業者の脅威」「代替品の脅威」の5つで業界分析をするというもの。外部環境を客観的に整理することで、より正確に未来を予測することが可能になります。

ポイント

自分が近年、どんな立場と状況に置かれているのか。あるいは未来にどんな脅威があるのか。テクノロジーの進化のスピードはますます上がっています。考えられない速度で追い詰められることもあるのです。

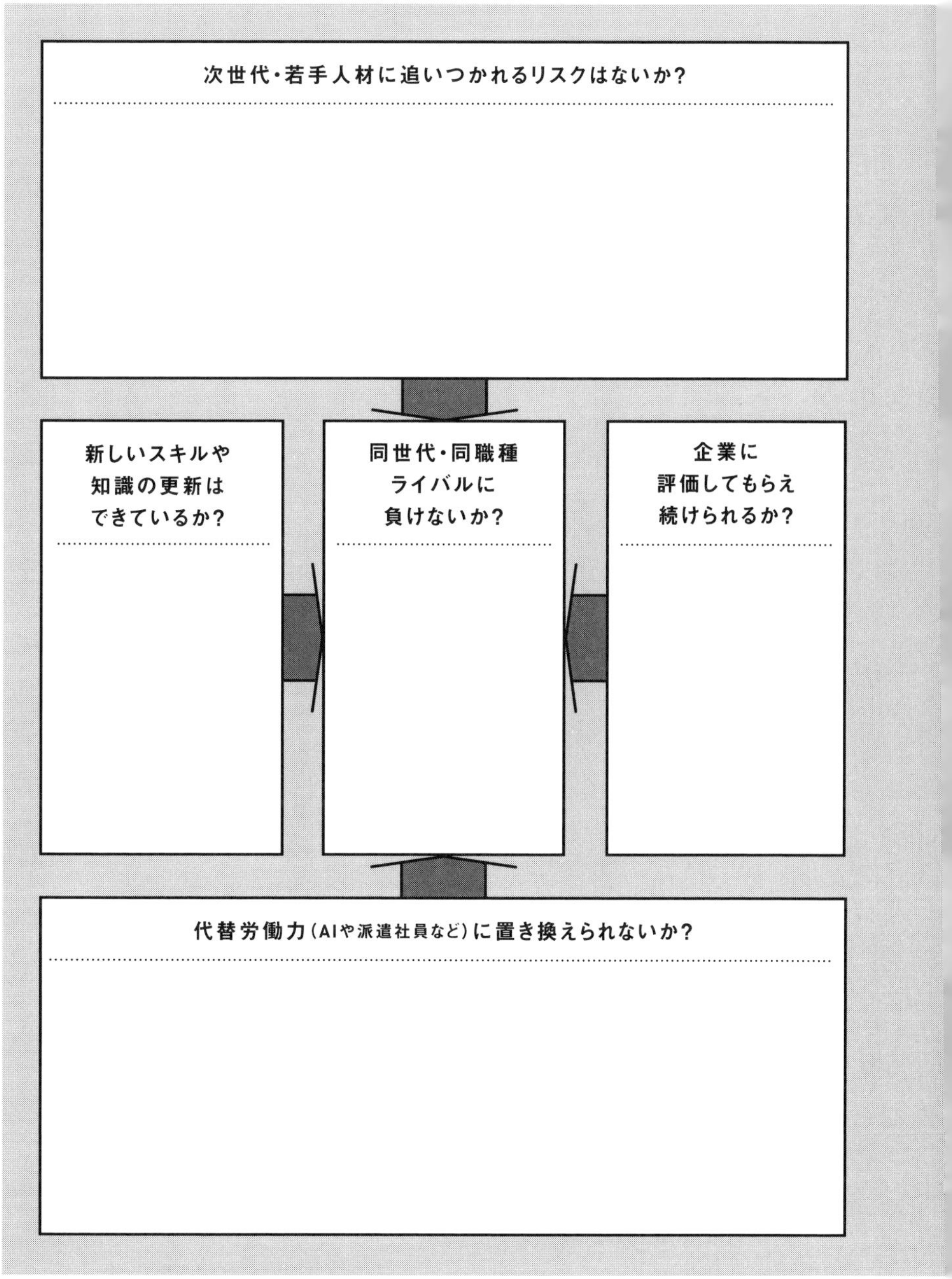
次世代・若手人材に追いつかれるリスクはないか?
新しいスキルや知識の更新はできているか?
同世代・同職種ライバルに負けないか?
企業に評価してもらえ続けられるか?
代替労働力(AIや派遣社員など)に置き換えられないか?

自分の人生を本当に自分で舵取りできていますか？

人生を自分で舵取りできているか。人生を他者に預け続けていないか。こんなふうに聞くと、多くの方が「そんなことはない。自分で舵取りができている。人生を他者に預けたりはしていない」という声が聞こえてきそうです。

ただ、ミドルの転職支援事業に携わり、毎日のように多くのミドル世代の方々に会って話を聞いてきた私の印象では、残念ながらそこまで確信が持てるものではありません。

転職活動中の方からよく聞こえてくるのは、「他責」の言葉。会社の業績が厳しくなったから動かざるを得なくなった。上司と合わないからもうこの会社は嫌だ。本意でない職種に会社から異動を命じられた……。

自分が起点ではなく、会社や環境の起点でアクションを起こさざるを得なくなった人たちが、ほとんどだったのです。仕方がないから転職を考えた、と。

自分起点で動こうとするよりも、受動的なアクションのほうが圧倒的に多かったのです。しかし、**受動的なアクションで転職しても、結局はうまくいきません。**迎える企業側は、自分の意思で来てくれる人を求めているからです。

そもそも人生の意思決定を自分自身で行なうことは、極めて重要です。なぜなら、それが幸福度を大きく左右するからです。自分で選択し、決定することが、充足感につながる因子だからです。しかし、現実は、自分で決めているようで実際は流されているだけの人がいかに多いことか。

新卒時の就職においても、「内定をもらう」ということが主になってしまって、あいまいに選択をしてしまっている人を多く見受けます。そもそも社会に出たことがない状態で、十分に事前調査をしたり、仕事で得たいことを固める前に時間切れになるという構造的な問題もあります。

入社後の異動や転勤も同じです。ほとんどの場合、自分で意思決定をすることなく、会社が決めた命令を受け入れざるを得ないというのが実際のところだと思います。また、査定や人事評価も構造的に受動的なものです。

就職から、配属、異動、評価まで、常に「誰かにしてもらう」受動的な立場に甘んじ続けているわけです。自分で主導権を持って、舵取りをしてきたようで、そのための機会やトレーニングは十分に積んできていないことを自覚しておく必要があります。

うまくいく人は、与えられた目標で満足しない人

私は会社員時代、若手によくこんな話をしていました。

メジャーリーグで活躍したイチロー選手は、3割8分という打率成績を周囲から褒められても、なんとも思っていなかったといいます。理由は、イチロー自身が3割8分を目指していたわけではまったくなかったからです。むしろ6割も打てない自分に苛立ちを感じ、4割超えを本気で目指していた。その結果が、3割8分だったわけです。イチロー選手は自分の可能性から逆算した目標を自分で定めていたのです。

会社から与えられた売上目標を達成することで、褒められて喜ぶことに慣れてしまうと、どうしてもイチローのような感覚を忘れてしまいがちです。**自分の可能性や限界を自分で知り、自分なりの目標を持ち続けることで主導権を忘れないようにする**方法もあることを知っていただければと思います。

トップクラスの成績を誇る知り合いの優秀な営業担当者も、会社から与えられた目標なんて気にしていませんでした。彼らには、自分のなかに「今の自分の実力だとこれくらいの業績は出せるはずだ」という自分のモノサシがあり、それは会社が掲げる目標を上回っていました。だから、人から与えられた目標を達成した段階で褒められても、心の底から喜べなかった。逆に、自

分のために自分で立てた目標が達成できたときにはじめて心から喜べるというくらい、圧倒的な当事者意識を持っていたのです。

自分の人生を舵取りしているとは、こういう人間のことをいうのだと私は思っています。しかし、ほとんどの人は、誰かから目標を与えられることに慣れすぎてしまい、当事者意識はスポイルされています。そこをシビアに見極めなければなりません。

オーナーシップ度を知る10のチェック

10の項目でオーナーシップ度をチェックしてみてください。

❶	「仕事人生で成し遂げたいこと」を 言語化できているか	Yes □ No □
❷	「仕事で得たいもの」は 明確になっているか	Yes □ No □
❸	自分がやりたくないことを 我慢してやっていないか	Yes □ No □
❹	付き合いたくない人と我慢して 付き合っていないか	Yes □ No □
❺	不得意なことに時間を 奪われていないか	Yes □ No □

6	「自分の強み・ウリ」が 発揮できているか	Yes □ No □

7	自分のための時間や場所を 確保できているか	Yes □ No □

8	仕事とプライベートの両方で 自分なりの見通しが持てているか	Yes □ No □

9	家族・友人などから支持・協力は 得られているか	Yes □ No □

10	自分を振り返るために相談できる 相手はいるか	Yes □ No □

ポイント

実際には、自分で人生の舵取りができている人は会社員にはほとんどいないと思います。ですからチェック結果を見て、自分を責める必要はまったくありません。会社員を取り巻く日本の環境がそのようになっているからです。だから、気づくことが大事になる。これから、自分の人生を自分で舵取りしていけばいいのです。

10年後の自分を想像したことがありますか？

キャリアづくりのセミナーなどで「10年後の自分がどうなっているか、想像して書いてみましょう」とお伝えすると、「1年後だってわからないのに、10年後なんかとても書けない」という声をもらうことが少なくありません。その気持ちはとてもよくわかります。若い人にとっての10年後は、とても遠い未来だと思います。ただ、それでも仮置きでもいいので自分なりの未来像を考えてみてほしいと思っています。そのためにおすすめしている方法がひとつあります。

それは、まず自分の10年前を振り返ってみることです。**10年前の自分は何をしていたのか。どんな仕事をして、どんな成果を出し、どんな課題を抱えていたのか。どんな学びや自己投資をし、どんなプライベートを送っていたのか。**自分が通ってきた過去、10年前の姿を振り返ってみると、意外に10年という期間が短いものだと気づいていただけると思います。

それが見えると10年後もそんなに遠い話ではない、と思えてくるはずです。もしかすると、

「意外にも10年前とあまり成長していないな」という気づきを得るかもしれません。そうすると、**このまま何もしなければ、10年後にも同じような思いを抱いているかもしれない**、ということに気づけます。逆に10年後にこうなっていたいな、こうなっていそうだな、ということがわかっていれば、今の自分に何が足りなくて、何をしなければいけないのかも見えてきます。

10年前、10年後が離れすぎているのであれば、3年前と3年後でも構いません。3年前、どんな仕事をして、どんな成果を出し、どんな課題を抱えていたのか。どんな学びや自己投資をし、どんなプライベートを送っていたのか。そして3年後は、どんな仕事をして、どんな成果を出し、どんな課題を抱えているのか。どんな学びや自己投資をし、どんなプライベートを送っているのか。それを想像してみることです。いずれにしても知ってほしいのは、時間はあっという間に過ぎていくということ。そして、思った以上に仕事人生に残された時間は多くはない、ということです。有限のリアリティに気づいてほしいのです。

そして、**どんなふうになっていたいのかを、できるだけ具体的に描いておく。そのための計画を考え、アクションに落とし込んでいく。**そうすることで、戦略的に生きていくことができる。

次のワークにぜひ取り組んでみてください。もしかしたら、すべては埋められないかもしれません。しかし、それはそれで構いません。見えていないことに気づくこと、それ自体に意味があります。そして、この後に続くワークを通じて、これが書けるようになっていければいいのです。

3年前、10年前の自分。3年後、10年後の自分

過去はどうしていたのか。未来はどうなっていたいのか。「主なトピック」とその「感想・評価」を書き込んでみてください。

3年前の自分〔西暦　　　年／　　　歳〕

	主なトピック	感想・評価
仕事内容		
成果・業績		
課題		
学び・自己投資		
プライベート		

ポイント

3年前はどうだったか。10年前はどうだったか。そして、3年後にどうなっていたいか。10年後はどうか。特に未来のことについて、なかなかイメージが描けない、という人は少なくないと思います。それは当然で、普段、十分に考える時間がなかったからです。まずは書きやすい過去を思い出したうえで、次ページの「ありたい未来」を書いてみてください。

10年前の自分〔西暦　　　年／　　　歳〕

	主なトピック	感想・評価
仕事内容		
成果・業績		
課題		
学び・自己投資		
プライベート		

3 年後の自分（予想）〔西暦　　　　年／　　　　歳〕

	主なトピック	感想・評価
仕事内容		
成果・業績		
課題		
学び・自己投資		
プライベート		

10年後の自分（予想）〔西暦　　　年／　　　歳〕

	主なトピック	感想・評価
仕事内容		
成果・業績		
課題		
学び・ 自己投資		
プライベート		

STEP 2

本当の自分を見つける

人生をエピソードで振り返ったことはありますか？

STEP2は、本当の自分を見つけるためのワークです。これからどう生きていくのか、人生の主導権を自分で取り返すために何が武器になるのか、そのヒントを探ります。これは、転職支援の際に、私自身が実際に求職者に行なっていることでもあります。

最初のワークは、「人生をエピソードで振り返る」です。誰でも人生で、忘れられない、いい思い出があるはずです。**得意だったこと、褒められたこと、最高の瞬間だと思えたこと、成功したこと……。それを思い出してください。**自分についての気づきを得るためのワーク、自分に刺激を与え、筋肉を緩めるための鍼灸のようなワークです。

日本人は謙虚ですから、なかなか自分の「いい話」を口にする機会がありません。だから、あえて思い出してもらうことに意味があります。心のなかに潜んでいる自分の自信をぜひ取り戻してほしいのです。

子どもの頃の思い出でも構いません。小学校のとき、どうだったか。中学、高校ではどうだったか。大学生のときはどうだったか。

ガッツポーズを取った瞬間は、どんなときでしたか、という聞き方を、私たちはよくします。これは自分でも「してやったりだな」と思ったとき。我ながらこれはすごいなと思ったとき。もし、インタビューを受けたなら、きっと話しているだろうな、という話。社会人になってからなら、この仕事をやっていて、本当に良かったな、と思った瞬間はどんなときだったか。

私自身は小学校のとき、絵を描くことが得意でした。もともと文章を書くことが好きで新聞記者になりたいと思っていましたが、絵を褒められたことはよく覚えています。漫画も描いてみたかった。そんな楽しい思い出が、思わぬところで役に立った経験を持っています。30歳くらいのとき、メンタル的にかなり追い詰められたことがありました。ところが、絵を描いていた小学校時代のことを思い出し、抜け出すことができた経験があるのです。自分にも得意なことがあったんだ、と。

自己信頼を覚醒させることで、自分の存在価値を認めることができます。他人から承認されたり、評価されたり、必要とされたり、期待されたりすることは、大きなエネルギーになる。

あなたがいてくれて良かった、という必要とされる瞬間。そう感じることができた思い出。それは、自分にとっての大きな武器になるのです。

ポジティブなエピソードで人生を振り返る

幼少期から学生時代まで

1 今までの経験のなかで特に楽しかったことは何ですか?
2 それのどんなところが特に楽しかったですか?
3 どんなことが得意でしたか?
4 最もやりがいを感じたのはどんなことですか?

ポイント

これまでの人生で、得意だったこと、好きだったこと、褒められたこと、ガッツポーズをしたことなど、思い出してみましょう。どんな人にも必ず、人生で忘れられない、いい思い出があるはずです。それが自分で人生の舵取りをするための貴重なヒントになります。

社会人スタートから現在まで

❶ 今までの仕事のなかで楽しかった仕事は何ですか?
❷ その仕事のどんなところが特に楽しかったですか?
❸ どんな仕事が得意ですか?
❹ 最もやりがいを感じたのはどんな仕事でしたか?

自分はどんなときに気持ちが高まるのか

輝いていた時代から自分の傾向値をつかんでいますか？

得意だったことやうれしい思い出など「モチベーション年表」を作成したら、次はこれを**「人生の上がり下がり」を記した波線グラフに書き入れてみましょう。**

いいこともあった人生ですが、残念ですが、誰にでもそうではないことはあったはずです。それも思い出しながら、これまでの人生のモチベーションが、どんなタイミングで上がり下がりしたのか、そのときにどんな出来事があったのか、「モチベーショングラフ」を作ってみます。

子どもの頃のいい思い出は、いかに反転していったか。また、苦しい時期はいかにしてポジティブに変わっていったか。高校、大学時代はどうだったか。どんなエピソードがあなたの人生を彩り、あるいは苦しめたのか。

人生の最高のタイミングはどこなのか、それをもたらした出来事は何か。あるいは、それが急転することになったエピソードとは、どのようなものなのか。人生のモチベーショングラフを作ってみると、改めて自分の人生の上がり下がり、山と谷がはっきりと見えてきます。

ただ、このグラフは作って眺めておしまい、というものではありません。このグラフを見ながら、自分はどんなときに気持ちが高まり、あるいは落ち込んでいくのか、その傾向値を探ってみてほしいのです。

グラフを作ったあと、自己分析をする。自分が**落ち込んだりする、ネガティブな法則がどんなものか。あるいは気持ちが高まるポジティブな法則があるのか。**それを探ってみてほしいのです。

自分を客観視して、自己分析につなげてみる。それは、自分の価値観はどこにあるのかを探る、自分の客観化の練習です。

そのために大切になるのは、描いたモチベーショングラフを、まるで幽体離脱した自分が眺めているかのように見てみることです。他人が見るかのように眺めてみる、と言い換えてもいい。**自分というものを突き放して眺めることができる力を身につけると、この先に大きな武器になります。**そして、そうすることで見えてくる景色がある。自分のクセや思考のクセ、どんなことに影響を受けているのか、そのヒントがつかめるからです。

仕事で大きな成果を出している人は、セルフマネジメントが極めて上手なケースが少なくありません。自分の高め方がうまい。それは、モチベーションエンジンをよく理解しており、自分を客観視できているからです。まずは、自分を知ることこそ、大事なのです。

「モチベーショングラフ」で自分の傾向、価値観を知る

**ポジティブなエピソードと組み合わせ、人生の上がり下がりを示す
「モチベーショングラフ」を作ってみてください。**

幼少期から学生時代まで

1	今までの経験のなかで つらかったこと、 苦しかったことは何ですか？	
2	それのどんなところが つらかったり、 苦しかったりしましたか？	
3	苦手なこと、 不得意なことは 何でしたか？	
4	やる気を失ったこと、 自分らしさを感じなかった ことは何ですか？	

社会人スタートから現在まで

1	今までの仕事のなかで つらかったこと、 苦しかった仕事は何ですか？	
2	その仕事のどんなところが つらかったり、 苦しかったりしましたか？	
3	苦手なこと、 不得意なことは どんな仕事でしたか？	
4	やる気を失ったこと、 自分らしさを感じなかった のはどんな仕事ですか？	

どんなときに気持ちが落ち込んでいくのか

ポイント

人生山あり谷ありですが、あなた自身のそれをひもといていくことで、自分の傾向や価値観を探ってみよう、というワークです。思考のクセを知り、自分を突き放して見る「客観化」を身につけることができれば、自分の本当の姿を知るための大きな武器になります。

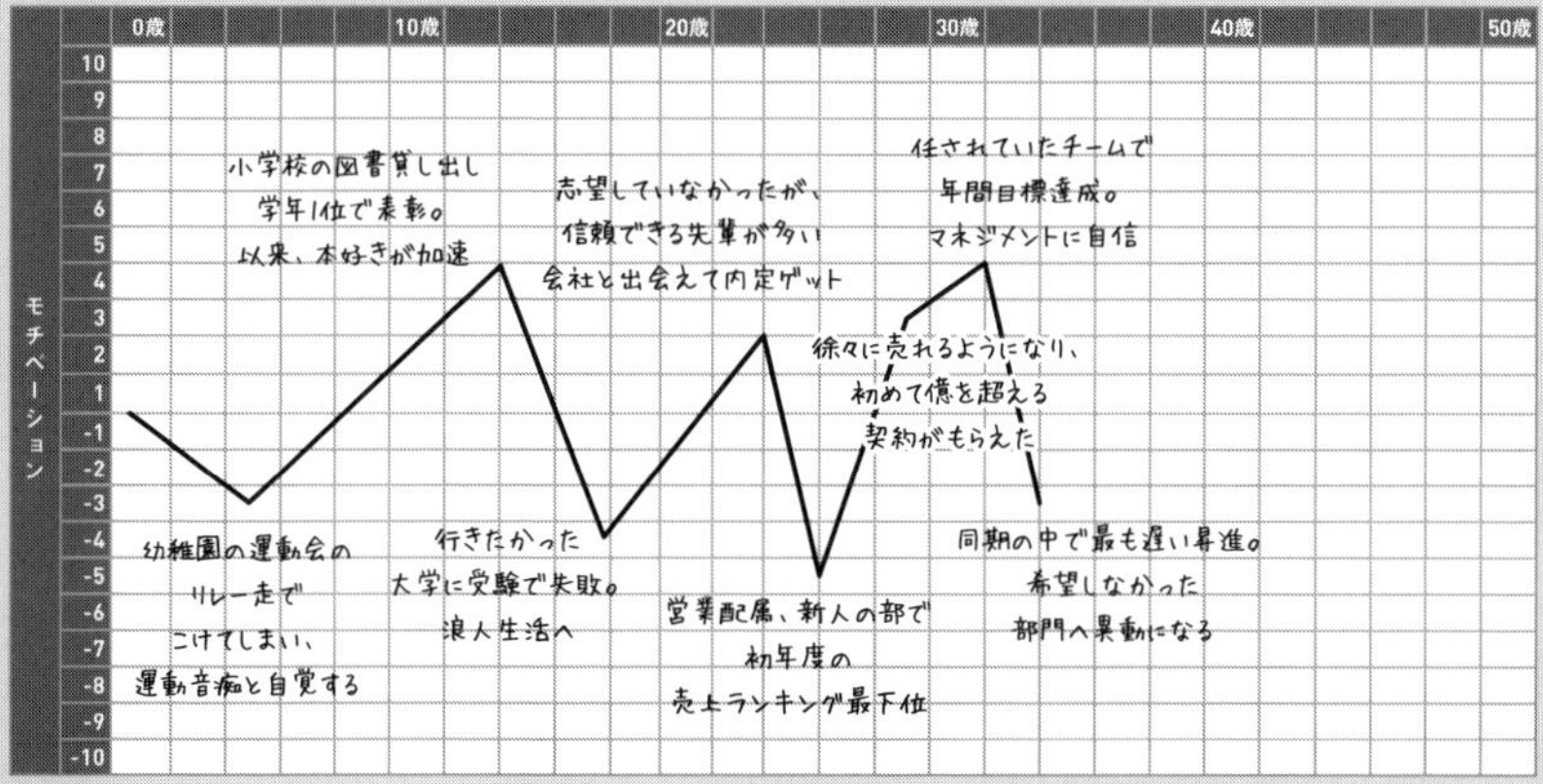

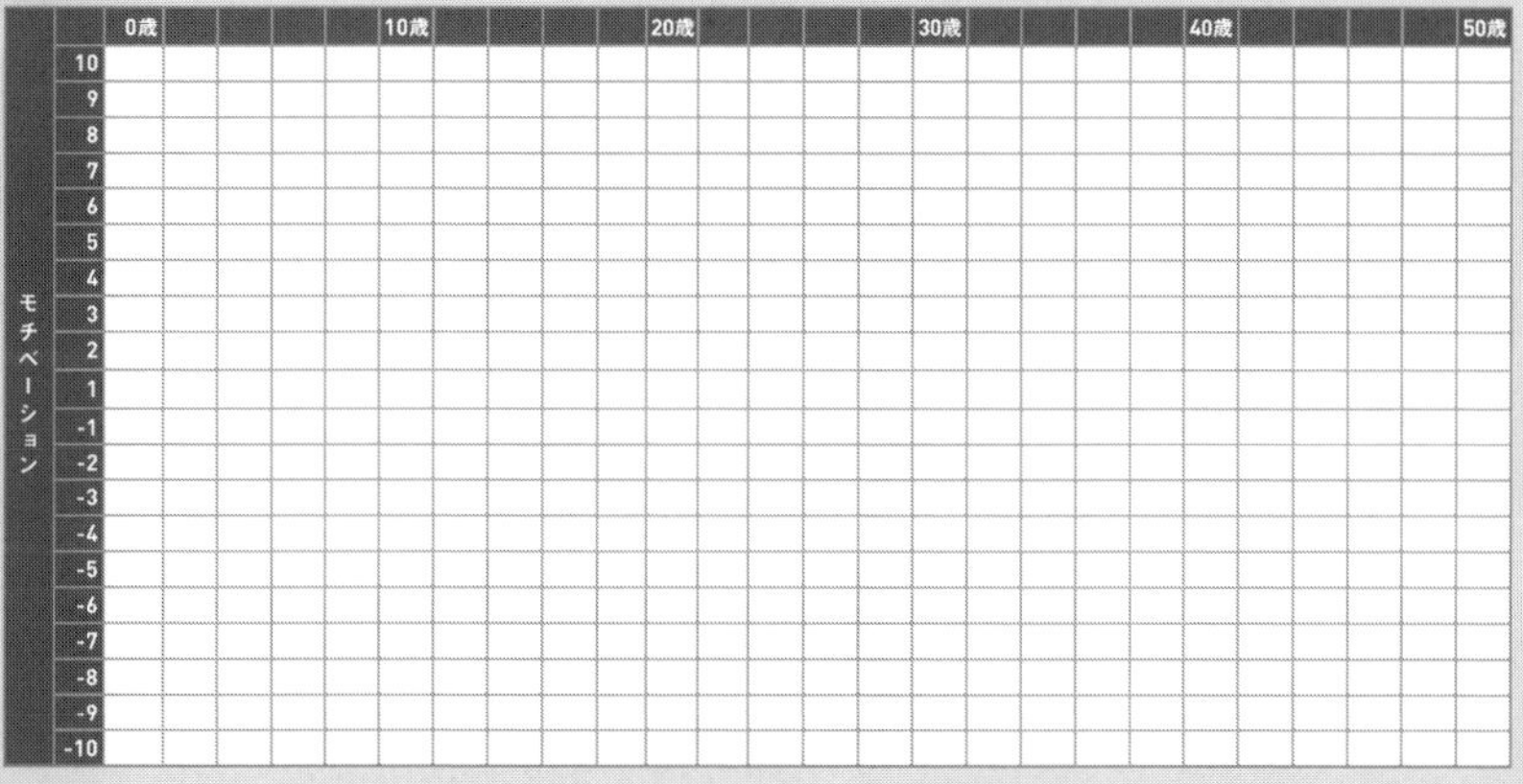

自分の傾向はどのようなものか

自分のなかにいる知らない自分を知っていますか？

モチベーション年表、モチベーショングラフに取り組んでもらいましたが、それが有効なのは、自分の強みを意識することにつながるからです。

不安が高まっていくと、どうしても弱みや課題に目が向きがちです。しかしその前に、自分にはちゃんと強みや得意があるのだ、ということを認識することが大きな力になります。

強みには、自分も他人もよく知っている強みと、自分は知っているけれど、他人は気づいていない強みがあります。それを改めて認識するためにも、自分の強みや得意を振り返ってみることはとても大事なことです。

そして強みには、自分が意識できている強みと、できていない強みがあるということに気づく必要があります。自分は知らないけれど、他人は知っている。そのような自分の強みです。

当然ながら、これは自分でいくら考えても出てくるものではありません。そこで、誰でもいいので、他人に聞いてみる。インタビューしてみる。家族でも同僚でも、上司、先輩、後輩でもいい。仲良しの友人でもいい。自分にはどんな強みがあると思うか、率直に聞いてみるのです。そうすることで、自分が気づいていない、自分の強みに気づくことができます。

そしてもうひとつ、自分も気づいていないし、他人も気づいていない強み、というものも、もしかしたらあるかもしれません。

つまり、強みには大きく分けて4つある、ということです。

自分も他人も知っている強み、自分は知っているが他人は気づいていない強み、自分は気づいていないが他人は知っている強み、そして自分も他人も気づいていない強み。

この4つを考えるうえで、とても便利なツールがあります。それが、「ジョハリの窓」です。ジョハリの窓は、コミュニケーションを円滑にするためのワークショップなどにも用いられますが、ここでは自分の強みを知るツールとして、使ってもらえたらと思います。

これは、私がキャリア相談を受けていての印象でもありますが、日本人はとてもまじめなので、確かなことしか書いてはいけないのではないか、という思い込みがあります。間違えたと思えば、消しゴムで消して、あとで修正すればいい。まずは、思い切って書いてみることです。

「ジョハリの窓」を埋めてみる

**自分が持っている「4つの強み」について、
改めて考えてみてください。**

	自分は知っている	自分は気づいていない
他人は知っている	**開放の窓** **自分も他人も知っている自己** 成長欲求が強く 自己研さんに最大限の 投資をしている	**盲点の窓** **他人は知っている自己** 何かに集中すると それ以外のことに まったく気を使わない （同僚談）
他人は気づいていない	**秘密の窓** **他人は気づいていない自己** 強がっていても 自信家ではなく 他者をうらやましく 思ってしまう	**未知の窓** **誰からもまだ知られていない自己** とにかく行動することで 不安を 打ち消そうとしている のかもしれない

ポイント

「ジョハリの窓」は自己理解のズレに気づくために、心理学でよく使われているフレームワークです。「見せたい自分」と「本当の自分」が違っていたり、「本来はそうでない自分」が強く表に出てきたり。そのままの状態では、本来の自分を見つめることができなくなってしまいます。

	自分は知っている	自分は気づいていない
他人は知っている	**開放の窓** 自分も他人も知っている自己	**盲点の窓** 他人は知っている自己
他人は気づいていない	**秘密の窓** 他人は気づいていない自己	**未知の窓** 誰からもまだ知られていない自己

漠然とした不安に陥っていませんか？

不安が高まっていると、どうしても弱気になったりネガティブな気持ちに向かったりしがち、と書きましたが、そもそもなぜ不安が高まるのか。それは、悩みがもやもやしているからです。

そこで取り組んでみたいのが、仕事、家族、人間関係、健康、お金の5つについて不安を明らかにすることです。**不安を具体化させ、ぼんやりさせたままにしないためです。**

このとき、コントロールできる不安と、コントロールできない不安に分けて把握します。不安のなかには自分でコントロールできるものもあります。一方で、コントロールできないものもある。

コントロールできない不安について、いくら不安がったところで、どうしようもありません。

しかし、コントロールできるものについては、考えられる対策をイメージしていくことで、不安を減じることができるはずです。さらに短期の目先の不安なのか、中期の不安なのか、長期的な不安なのか、整理をしていくと安心できます。

もやもやした不安を可視化してみる

仕事の不安

		影響度	対策のメド
今すでに起こっている不安	・	大　中　小	有　無
	・	大　中　小	有　無
	・	大　中　小	有　無
	・	大　中　小	有　無
将来起こりそうな不安	・	大　中　小	有　無
	・	大　中　小	有　無
	・	大　中　小	有　無
	・	大　中　小	有　無

家族の不安

		影響度	対策のメド
今すでに起こっている不安	・	大　中　小	有　無
	・	大　中　小	有　無
	・	大　中　小	有　無
	・	大　中　小	有　無
将来起こりそうな不安	・	大　中　小	有　無
	・	大　中　小	有　無
	・	大　中　小	有　無
	・	大　中　小	有　無

人間関係の不安

		影響度	対策のメド
今すでに起こっている不安	・	大　中　小	有　無
	・	大　中　小	有　無
	・	大　中　小	有　無
	・	大　中　小	有　無
将来起こりそうな不安	・	大　中　小	有　無
	・	大　中　小	有　無
	・	大　中　小	有　無
	・	大　中　小	有　無

健康の不安

		影響度	対策のメド
今すでに起こっている不安	・	大　中　小	有　無
	・	大　中　小	有　無
	・	大　中　小	有　無
	・	大　中　小	有　無
将来起こりそうな不安	・	大　中　小	有　無
	・	大　中　小	有　無
	・	大　中　小	有　無
	・	大　中　小	有　無

ポイント

不安に思っていることを書き出し、具体化させていくことで、もやもやしていた不安がクリアになったという人も少なくないと思います。自分の未来を考えていくうえで、ネガティブな思考に引っ張るものが何なのかを自覚するのは、とても大切なことです。

お金の不安

		影響度	対策のメド
今すでに起こっている不安	・	大　中　小	有　無
	・	大　中　小	有　無
	・	大　中　小	有　無
	・	大　中　小	有　無
将来起こりそうな不安	・	大　中　小	有　無
	・	大　中　小	有　無
	・	大　中　小	有　無
	・	大　中　小	有　無

自分がバイアスを受けていることを理解していますか？

私はキャリア相談を受けるなかで、人が未来を考えるうえで大きく邪魔をしているものがあることを確信するようになりました。それが、バイアスです。日本語では、偏向や先入観、思い込みといった意味になるかと思います。

たとえば、正常化バイアス。自分に都合の悪い現実、見たくない現実は見たくないという心理です。見ようとしない。認めない。自分がバイアスに歪められていることにすら気づいていない。それゆえに、新型コロナウイルス感染症が大きな問題になっているときに、ごく普通に満員電車での通勤を考えてしまう。豪雨のため住めないほど被害を受けた家を、ひたすら掃除してしまう……。**バイアスは、知らず知らずのうちに、人を歪んだ行動へと駆り立ててしまいます。**

先に新聞社に勤める30代の方から相談を受けた話をしましたが、次の就職先の候補としてネットメディアの話が出たとき、ご本人からこういう発言がありました。

「インターネットは怪しい情報が多いので信用できません」

インターネットが一般社会に登場したばかりの１９９０年代の話ではありません。２０２０年の話です。しかも、ショッピングしかり、レストラン情報サイトしかり、旅行予約しかり、自分自身も含めてインターネットを普通に生活のなかで使っているのです。**ところが、転職先として考えると「怪しい」という印象値が出てきてしまう。**まさにインターネットを仮想敵と考えてしまう人がまだまだ多い新聞業界ならではのバイアスのなせる技です。（もちろん業界の人のすべてがそうでないことは承知していますが）

銀行に勤める人とキャリア相談をしていても、似たようなことが起こります。インターネットバンキングが進み、ＩＣカードやスマホでの決済が当たり前になり、今では銀行の支店はどんどん縮小しています。この先、支店が拡大していく見込みはまずない。自分の働く場がなくなる可能性は極めて高くなることは明らかです。

ところが、銀行で長く働いてきた人ほど、土地勘があるからという理由で、転職先の希望業界を聞くと「銀行」という言葉が出てくる。しかも、ライバル銀行でも構わないから知名度の高い銀行がいい、という話になりやすい。今やどの銀行でも構造は同じであることは明らかなのですが、**なぜか隣の芝生が良く見えてしまう。**これもまた、バイアスです。

成功体験を持っている人は、バイアスのワナにはまる

転職するなら上場企業以外は候補にもならない。

今の役職や年収が下がる転職なんてあり得ない。

規模の小さな会社なら自分はいくらでも活躍できる……。

転職相談を受けるなかで、こんなふうに言われるケースもあります。

上場企業で働かなければいけないという理由はいったい何なのか。上場企業でなければ候補にもならないのは、なぜなのか。なぜ、上場企業がいいのか。質問してみましたが、明確な答えはありませんでした。

役職や年収が下がる転職はなぜありえないのか。役職や給料を決めるのは、働く自分ではなく、雇ってくれる会社です。どうして需給で決まる雇用市場の原則に目がいかないのか。譲れない、というのは、どういうことなのか。

大企業でずっと購買部長をやってきたから、中小企業の購買部門に行ってコストを下げる方法を教えてやってもいい、とおっしゃる方もいます。有名企業の購買部長であれば立場も強いでしょう。巨額の商売のために、仕入れ先から接待を受けるということが当たり前だった時代もあります。そういう方が、ロットの少ない中小企業の購買部門で、業務を理解し、途切れることな

く資材を購入する責任を果たせるかどうか、私はとても確信が持てませんでした。

認知バイアスは、成功体験が作り上げていることが少なくありません。**一流の学校に進み、一流の会社に入った人は、それが当たり前になる。それ以外は認められなくなる。**会社から期待されている自分だけを見るようになる。もともと優秀だった人たちが、知らず知らずのうちに冷静さを失っていく。バイアスに歪められていく。

いや、自分はそんなことにはなっていない。バイアスになど左右されずに正しく情報を選んでいる、と言う人もいます。しかし、なんらかの認知バイアスがなければ情報選択はできませんから、私たちは**気がつかないうちに読みたい情報、見たい情報だけを見ているのです。**その状態が続いていくことで、バイアスはさらに強固になっていきます。

正しい判断をしていくためには、この認知バイアスと戦わなければなりません。それ以前に、自分がバイアスに影響を受けていることを認めなければ始まりません。

しかし、自分が影響を受けている認知バイアスを認め、それを壊すことができれば、これまで想像もつかなかったアイディアが浮かんでくることがあります。認知バイアスを壊すことが結果的にイノベーションにもつながっていくわけです。海上ルートしかなかった時代に、アフリカ大陸を周回する船が、どうやって安全に航海するかを考えたとき、アフリカ大陸を回らずに、大陸の最も細い部分にスエズ運河を造ることを提案した人たちがいたのです。

年齢を経ても柔軟な発想を持ち、優れた結果を残している人たちは皆、認知バイアスや固定概念を打ち消す努力を継続できているのだと思います。認知バイアスを破ろうとし、**自分の判断は本当に正しいのかと常に疑う**。今の怒りはどんな理由によるものなのか、どんな体験によるものなのか、いつも考えている。正しい判断をすることに極めて貪欲な傾向があります。

自分自身を冷静に見られる力を、「メタ認知力」といいます。このメタ認知力を高めるために、ちょっと難しいワークに挑んでもらえたらと思います。

自分のなかにある固定観念やバイアスを探る

人間の考え方は環境の影響を受けるという事実を踏まえて、自分自身を掘り下げてみましょう。過去の自分を取り巻いてきた環境、家族や学校、所属集団などの特徴・特性から「自分の考え方や価値観が、どんな影響を受けている可能性があるか」。想定できる思考の傾向を自分なりに予測してみましょう。

1 家庭環境

2 教育環境

ポイント

自分のなかのバイアスを知るためには自らを客観視することが必要です。しかし、これはなかなか簡単なことではありません。ポイントとしては、自分をもう一人の自分が見ているようなつもりで整理することです。これは、誰に見せるものでもないので、たとえば嫉妬や怒りなどの感情も隠すことなく受け入れ、認めてみてください。そして、どうしてそういう感情を抱いたのか？　とか、そう考える心の働きは、過去のどんなエピソードがきっかけで生まれたのか？　などを自問して整理すると作業しやすくなるかもしれません。

❸ 経済的環境

❹ 人間関係環境

❺ 職業・社会的環境

STEP 3

理想の仕事を考えてみる

あなたは、どんなタイプの仕事がしたい人ですか？

STEP3では、自分にとっての理想の仕事を考えてみます。具体的な職種や仕事をイメージする前に、ぜひやってみてほしいことがあります。それは、**職種以前にもっと大きな枠組みで、どんなタイプの仕事がしたいのか、知ることです。**

仕事には大きく4つの種類があります。それをひもとくために、「組織か個人か」「運用か創造か」を2つの軸にしたマトリックスを作ります。

79ページに図を掲げていますが、こうして表れてくるのが4つの仕事のタイプです。

A　儲かる仕組みを作る人

高い専門性と事業運営に関わるスキル・経験を持って、新たな経営課題・事業課題に対応、あるいは儲かる仕組みを生み出す。

B　儲かる仕組みに専門性を提供する人

高い専門スキル・ノウハウを持って事業に必要な専門性を提供する。

C　儲かる仕組みを運営し、価値を生み出す人

既存の仕組みのなかで、組織として業績を拡大したり、仕組みを持続させる実行者。

D　儲かる仕組みのなかで定型的業務をする人

既存の仕組みのなかで、定型的業務を遂行し成果を上げる。

さて、あなたはこのなかで、今どのゾーンの仕事をしているでしょうか。また、この先はどのゾーンの仕事をしていきたいでしょうか。

どの領域が優れている、ということを申し上げるつもりはありません。どの領域も、企業が事業を展開していくうえでは極めて重要な役割を果たすことになります。しかし、**人数の少なさ、希少性の順でいえば、A↓B↓C↓Dの順番になっていくでしょう。**

実際、Aに属する3人のキーマンと、CとDに属する5万人の人たちだけで数百億円のビジネスができてしまう現実があります。そして、Aに対して専門性を提供するBも大きな価値を持ちます。一方で、既存の枠組みのなかで運用的な仕事をしていく人たちは、AIの進化などもあって、この先どんどんその人数を減らしていくことになるはずです。

とりわけ、今最も人数の多いＤでは、今後、厳しい選別が行なわれていく可能性が高いでしょう。実際、多くの企業でリストラが行なわれているのは、この仕事領域ではないかと思います。

今、自分はどの領域に置かれているのか。そして、どの領域に移っていきたいのか。そのとき、何が足りないのか。どういう差が生じているのか。どうやってそこに移っていくのか。ありたい姿の差を文章化すると、どのような表現になるのか。それを知っていただくのが、これから進めていただくワークです。

資格を取得することには、ほとんど意味がない

ひとつだけ注意したいのが、この仕事領域のタイプを見て方向性を決めた後に、たとえば専門性を高める方向を目指そうとして、いきなり資格取得の準備を始めようとする方がいることです。

大金を投資して資格の学校に通い、脈絡もなくＭＢＡや宅地建物取引士、中小企業診断士の資格を取っても、残念ながらあまり有効ではありません。厳しい言い方ですが、実際の雇用市場において、資格が求められる求人はほとんどない、というのが私の認識です。

今や、最難関資格の弁護士でも、簡単に生計を立てられるとは限らない時代なのです。資格以前に、自分がどの方向でキャリアを構築していきたいのかを決めることのほうが重要です。

仕事には大きく4つの種類がある

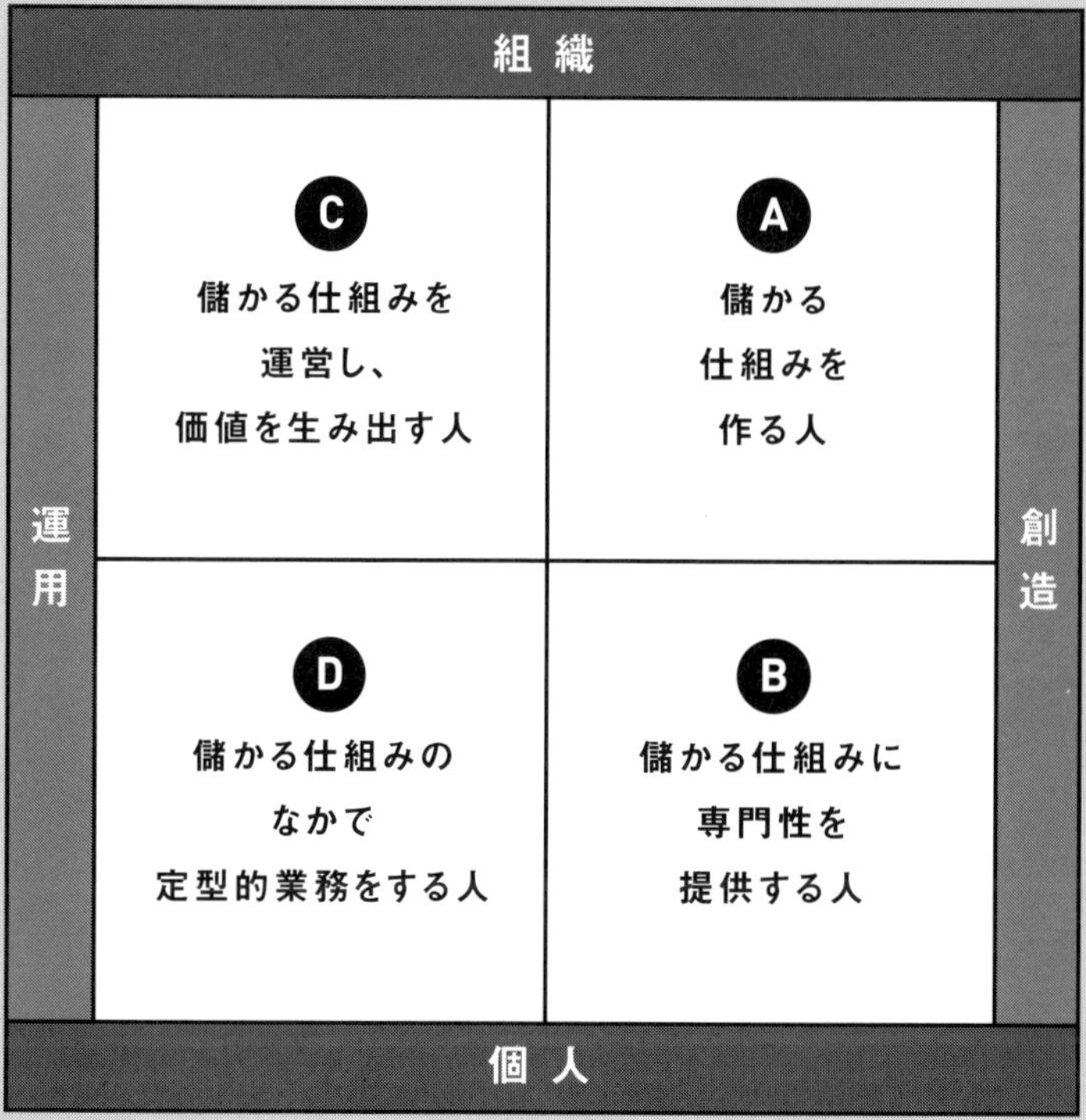

今のあなたの仕事と、これからしたい仕事

1 あなたは、前ページの4つのタイプのうち、どこにあてはまりますか？

2 そこから別のタイプへ移動したいですか、そのまま深めたいですか？

ポイント

行くべき方向が見えてきたら、それを実現するために行動を変えていく必要があります。決意だけを新たにしても意味はありません。大前研一さんは、人間を変える方法は3つしかない、と指摘されています。「時間配分を変える。住む場所を変える。付き合う人を変える」。行動変容を意識することです。

❸ そのために必要なアクションを3つ書き出してください。

・

・

・

転職で持っていけるスキルがどれだけありますか？

転職というと、今やっている仕事をそのまま同業他社で行なう「同業同職種間の異動」をイメージされるケースが少なくありません。とりわけ一度も転職したことがない人は、それが転職だというイメージを持つようです。

しかし、35歳からの転職では、それはかなり難しくなる、という認識を持っておいたほうがいいと思います。

たとえば転職の理由に、業界の将来性が不安であることを挙げたとするなら、これは同業他社に行っても同じことになるわけです。

もとより、それでは転職を通じてキャリアアップすることになりません。新しいスキルを身につけたり、新しい知識を手に入れたりすることができるのが、転職の大きな魅力。だとするなら、異なる業種や異なる職種をこそ、意識したほうがいい。

そのとき、考えなければいけないのが、転職で持っていくことができるスキル、ポータブルスキルです。自分には、どんなポータブルスキルがあるか。どのくらいそれを持っているのか、しっかり認識しておく必要があります。

ときどき勘違いが起こるのは、**今の会社で優れた仕事ができているからといって、それがそのままポータブルスキルとして使えるとは限らない**、ということです。多くの人が、その会社特有のスキルを使って仕事をしているからです。

たとえば、社内の人間関係。意識してそれを構築したかどうかは別としても、キーマンを人脈としてネットワークしていれば、社内の仕事は速くなります。しかし、それはこの会社だけで通用するネットワークであり、社内対応スキルです。転職先で使えるとは限らない。

ここで「自分は仕事ができる」と勘違いし、過信してしまうと、外に出たときに困ってしまうことになります。ダニング＝クルーガー効果という認知バイアスがありますが、能力不足の人ほど自分の能力を過信してしまうことは実は意外に少なくないのです。

85ページに、厚生労働省が定義したポータブルスキルの構成要素を掲げましたが、「専門知識・専門技術」に加えて、「仕事の仕方」「人との関わり方」から成っています。

「仕事の仕方」では、成果を上げるために重要な行動として「現状の把握」「課題の設定」「計画の立案」「遂行」「状況への対応」がプロセスとして提示されています。これが、基本的な仕事の仕方ですが、こうしたプロセスに関して改めて意識していない人も少なくありません。それぞれについて自己評価する必要があります。

「人との関わり方」では、「社内対応」「社外対応」「部下マネジメント」という、社内外・上下の4方向でポータブルスキルを分析することができます。

この後にワークをつけています。数字で簡単に見られるようにしてみましたが、何点を取ることが正しい、というものではありません。ポータブルスキルの8つの構成要素について、自分としてはどう評価できるか、率直に記してみてほしいと思います。

ポータブルスキルの構成要素

専門技術　専門知識

＋

仕事の仕方

成果を上げるために重要な行動		職務遂行上、特に重要であるもの
課題を明らかにする	現状の把握	課題設定に先立つ情報収集の方法や内容、情報分析など
	課題の設定方法	設定する課題の内容（会社全体、事業・商品、組織、仕事の進め方の課題）
計画を立てる	計画の立て方	計画の期間、関係者・調整事項の多さ、前例の有無など
実行する	実際の課題遂行	本人の役割、スケジュール管理、関係者、柔軟な対応の必要性、障害の多さ、成果へのプレッシャーなど
	状況への対応	柔軟な対応の必要性、予測のしやすさなど

人との関わり方

対人マネジメントで重要なこと		職務遂行上、特に重要であるもの
	社内対応（上司・経営層）	指示に従う必要性、提案を求められる程度、社内での役割期待など
	社外対応（顧客・パートナー）	顧客、取引先、対象者の数、関係の継続期間、関係構築の難易度など
	部下マネジメント（評価や指導）	部下の人数、評価の難しさ、指導・育成が必要なポイントなど

出典元『厚生労働省』“ポータブルスキル”活用研修 講義者用テキスト

ポータブルスキル診断

仕事を進めるうえで必要な次の8つの要素について、あなたが得意であると思う程度に応じて、持ち点40点を割り振ってみてください。

【仕事の仕方】
仕事における前工程から後工程のどこが得意かを見ていきます。

現状の把握	仕事関連の動向をおさえるための コンスタントな情報収集	1 2 3 4 5
現状の把握	複雑な情報やデータに対する評価	1 2 3 4 5
課題の設定	新しい商品・技術・仕事の やり方を考える	1 2 3 4 5
課題の設定	自分なりの問題意識に基づいて、 目標や課題を自ら設定する	1 2 3 4 5
計画の立案	最終的なゴールに向けて、 効果的なシナリオを描く	1 2 3 4 5
計画の立案	課題の優先順位をつけ、 具体的な実行計画を立てる	1 2 3 4 5
課題の遂行	品質基準・納期を厳守しながら、 業務を確実に遂行する	1 2 3 4 5
課題の遂行	強いプレッシャーのなかで、 達成基準をクリアする	1 2 3 4 5

状況への対応	日々の判断を自分で行ない、その結果責任を負う	1 2 3 4 5
	予期しない状況の変化に直面しても、臨機応変に対応する	1 2 3 4 5

【人との関わり方】

マネジメントだけでなく、経営層や上司、お客様など全方向の対人スキルを見ていきます。

社外対応	顧客・社外関係者に難しい内容を的確に納得感高く伝える	1 2 3 4 5
	価値観の異なる人々や利害の対立する顧客・社外関係者と調整し、合意を獲得する	1 2 3 4 5

社内対応	経営層・上司・関係部署などに難しい内容を的確に納得感高く伝える	1 2 3 4 5
	価値観の異なる人々や利害の対立する顧客・社内関係者と調整し、支持を獲得する	1 2 3 4 5

部下マネジメント	能力や専門の異なる部下・メンバーの動機づけ・育成・指導を行なう	1 2 3 4 5
	部下やメンバーの持ち味を把握して業務を割り当てる	1 2 3 4 5

ポイント

8つのポータブルスキルについての自己評価ですが、ここで参考にしたいのは、自分はどんなポータブルスキルに強みを持っているか、ということです。立案は好きではないが、実行は好き。課題設定は得意だが、実行は苦手。社内よりも、社外とうまくいく。こうした傾向値を知ることに意味があります。

転職で何が売りになるのか、認識できていますか？

ポータブルスキルを意識してもらったところで、転職する際には何が売りになるのか、頭のなかで巡らせてみてほしいと思います。

まず認識したいことは、そもそも多くの人が、**他の業界のことや、他の職種のことについては深く知らない**、ということです。

私は社会人のスタートが就職情報誌の仕事でしたから、たくさんの業界、たくさんの仕事の存在を知ることができました。しかし、そういう経験をすることはほかの仕事ではなかなか難しい。何かの業界に属して、まじめにやればやるほど、他の業界や他の職種について学ぶ機会がないという状況になるのが普通です。

しかし、他の業界、他の職種について知らなければ、自分の経験がそこでどんなふうに活かすことができるのか、イメージできません。

企業側が求めているニーズと、転職したい人がアピールしたいことがズレてしまっていたら、採用はうまく進みませんし、人材を求めている企業側も、いろんな経験が自分たちの仕事に生きてくることについて、実際にはほとんど理解していません。つまり、双方でミスマッチが起きやすい環境があるということです。

新卒や20代のポテンシャル採用であれば、企業は比較的ゆるやかに評価をすることもできるのですが、30代以上の転職となると、そうはいきません。**転職者が入社してくることによって「今すぐに解決してほしいこと」があるからです。**

しかし、企業が人を求めるとき、それを的確に表現できているか、というと、そうではない現実があります。たとえば、「労務ができる人がほしい」というニーズがあったとします。経験3年以上の即戦力がほしい、と。しかし、よくよく聞いてみると、すでに労務の担当者はいて、その下につくことになっていました。労務の経験が本当に3年必要なのかと確認すると、実はそこまでの経験は必要なかった、というようなことはよくあります。

最終的には、基礎的な能力があり、労務について勉強ができ、その課題に対応できるのであれば、労務経験すらもいらないかもしれない、ということになりました。これなら、採用の間口はグッと広くなります。

転職では、「ヒト軸」ではなく「コト軸」を見ていく

ただ、すべての企業がこういう考え方を最初からしているわけではありません。だから、求職者の側のアピールが重要になります。

その意味で、私がキャリア相談などでお伝えしていたのは、「ヒト軸」ではなく、「コト軸」で考えていく、ということです。**こういう職種経験、という見方をするのではなく、自分の経験でどう役に立てるか、どんな課題を解決できるのか、という見方をする。**もっといえば、入社を希望する会社にどんな課題があるのかを探ることを意識する。それに合わせてアピールの方法を考えていくのだ、と。

実際、こんな転職例がありました。大型のディスカウントストアが新規出店する際、近隣住民にどうプレゼンテーションすればいいのかに頭を悩ませていた。ここで採用されたのは、コールセンターで大変な数のクレーム対応を行なってきたコミュニケーションのプロでした。

当初、ディスカウントストア側は「店舗開発の経験者」を求めていたのですが、対応に困っていたのは近隣住民に対するプレゼンテーションをいかにうまく行なうか、でした。店舗開発の経験者が同じような仕事をしているとは限らず、むしろコールセンターのクレーム対応のプロのほうが、はるかにいい仕事を期待できたわけです。

実際、この方はポジションなしで入社した後、どんどん出世して、あっという間に部長職を得ることになりました。これは、双方にとって「ウインウイン」なわけです。こういう転職こそ、理想的な転職だと私は思っています。

転職では、募集されている職種名や仕事内容、さらには自分のやってきた専門スキルだけを見るのではなく、自分の持っている能力として何が売りになるのか、「ヒト軸」ではなく「コト軸」を見ていくことです。そうすることで、論理的に自分の強みをアピールすることができるのです。

そしてむしろ、異業種・異職種にこそ大きなチャンスが潜んでいるということにも気づくことができます。

一方で、気をつけなければいけないのは、自分がやってきたことを一方的に売りにしないということです。**「これができます」「あれができます」と言ったところで、それが相手に価値のあることだととらえられなければ、意味を持ちません。**

先に新聞社に勤める方の例を紹介しましたが、「社会のために役立つ記事を作る」「声を出せない弱い人のためになる」といくらアピールしても、ウェブサイトのアクセス数で日々しのぎを削り厳しい競争をしているネットメディアからすれば、まったくピンと来ないわけです。

それなら成長著しいネットメディアではなく、オールドメディアである新聞記者をしていたほうがいいのでは、と思われておしまいです。

ところが、30代以降の転職では、こういうパターンはとても多い。**「自分の売りを教えてください」「自分をPRしてください」と言うと、相手の目線ではなく、自分の目線で強みを発想してしまうケースが少なくないのです。**

求められていることを極めてシンプルに言ってしまうと、あなたのその売りはどんな課題を解決してくれるのか、どれだけの利益を会社にもたらしてくれるのか、ということです。成果と紐づける売りになっているかどうか。そうでない売りをいくらアピールされても、会社は困ってしまうのです。課題を解決し、利益を生み出せる人をこそ、求めているからです。

自分の売りはこんな価値で、収益として貢献できる。課題の解決につなげられる。そのアピールをこそ、核にしなければなりません。

間違っても避けたいのは、「忍耐強いです」「誠実に頑張ります」といったプロセス的なPR。また、「協調性が高く、人と人の潤滑油になれます」といった抽象的なPRでは、むしろ逆効果になります。ところが、こうしたPRを考えてしまう人がとても多い。

定量的か定性的かといえば、定量的に。結果かプロセスかといえば、結果で。相手軸か自分軸かでいえば、相手軸に。客観的か主観的かといえば、客観的で。ところが、すべて逆転しているケースが少なくない。

それでは、あなたという人材はやっぱり売れません。

あなたの得意・売りは何ですか?

❶ 前職の社内でしか評価されない経験・スキル・能力は?

❷ 前職と同業界で評価を得られる経験・スキル・能力は?

❸ 異業界でも評価される可能性がある汎用的な経験・スキル・能力は?

❹ 雇用されるだけでなく、自分で起業できるレベルの経験・スキル・能力は?

ポイント

転職する会社にしっかりとした利益をもたらすためのスキルの提供ができるか。その視点で自分の売りを考えてみる必要があります。逆にいえば、転職する会社によって、売りは変わっていく、ということでもあります。まずは、コアとなる売りについて頭を巡らせてみてください。

働くうえで大事にしたいことは何ですか？

STEP3の最後は、自分自身が働くうえでどんなことを大事にしたいと考えているのか、それを知るためのワークです。**働くうえでの価値観をできるだけはっきりさせ、その価値観が一致する仕事でキャリアを積んでいくことを考えます。**

35歳からの転職では、大きなマインドチェンジが求められます。新卒の就職との大きな違いは、まさにここにあります。

端的にいえば、こういうことになります。

「どこに行くか、ではなく、何をするか」

新卒の就職では、多くの人が参考にする指標がありました。たとえば、就職人気ランキング。言ってみれば、「ここにいけば正解」というものがあった。もっといえば、誰にとっても「いい会社」というものが、ある程度は存在したのではないかと思います。しかし、35歳からの転職には、そのようなものはありません。逆に、新卒のときの就職のイメージそのままに、就職人気ランキングのようなものに引きずられてしまうと、いい結果を及ぼさないことが多い。

ところが実際には、多くの人が新卒のときの就職に引っ張られてしまいます。

大きな会社がいいのではないか。

知名度があるところがいいのではないか。

安定した会社がいいのではないか。

とりわけ一度、そうした会社に入ってしまった人たちの持つバイアスはとても大きい。言ってみれば、成功経験者でもあるからです。そして、先にも触れたように、成功経験者というのは、見たくない現実は見ない、という人たちでもあります。

これはよく言われることですが、新卒の学生の就職人気ランキングとはいったい何であるのか。そもそも学生は、一度も社会に出て働いたことがないのです。**働いたことがない学生が選ぶ企業ランキングとは何なのか。**

端的にいえば、これは親バイアスの影響を大きく受けているのではないかと考えています。学生自身が選んだランキングに「親が行ってほしい会社のランキング」の要素が入り込んでいるという意味です。だから、現代の成長企業よりも、昔ながらの重厚長大系の大手企業がずらりと並ぶことになる。親世代が、自分たちが就職活動をしていたころに目指していた人気企業を無意識のうちに子どもたちにレコメンドしているケースが非常に多いのだと思います。その結果、今、新しい分野でイノベーションを起こしているとか、将来的な事業価値が見込まれるとか、そういうモノサシが反映しづらくなります。

逆に、次ページに掲げていますが、社会人向けの転職人気企業ランキングを見てみると、その顔ぶれがガラッと変わるのです。外資系のＩＴ企業が出てきたり、ベンチャー企業が出てきたりする。**社会で仕事をして、働くことの意味を知っている社会人の転職活動で選ばれる企業こそが、真の人気企業ランキングだといえるのではないでしょうか。**

しかし、新卒のときに成功体験を持っている人にとっては、なかなかこのマインドチェンジができない。そのために、チャンスを失ってしまうことがあるのです。

業績が悪化しているのに、逃げ遅れてしまう。業界の未来が極めて厳しいものになっていることに真正面から向き合えない。しかし、過去もそうであったように、危機は突然、びっくりするようなスピードでやってくるものなのです。そのためにも、早くバイアスを解いておく必要があります。次の選択は、「どこに行く」というものではなくなることに気づいておく必要があります。**「どこ」に関係なく、「何をするか」こそが最も問われることなのです。**

そして、それをより明確にするためのワークが、「仕事選びの４つの基準値」です。自分にとって、何を重視して働くことが最も心地いいのか。働くことに求める価値観を理解しましょう。

● 就職人気企業ランキング(学生)

文系		理系	
1位	JTBグループ	1位	ソニー
2位	全日本空輸(ANA)	2位	味の素
3位	東京海上日動火災保険	3位	富士通
4位	日本航空(JAL)	4位	サントリーグループ
5位	オリエンタルランド	5位	トヨタ自動車
6位	伊藤忠商事	6位	NTTデータ
7位	ソニー	7位	カゴメ
8位	味の素	8位	資生堂
9位	ニトリ	9位	明治グループ
10位	ソニーミュージックグループ	10位	日立製作所

マイナビ・日経2021年卒大学生就職企業人気ランキング

● 転職人気企業ランキング(社会人)

1位	トヨタ自動車
2位	グーグル
3位	ソニー
4位	楽天
5位	Apple Japan
6位	アマゾンジャパン
7位	全日本空輸(ANA)
8位	パナソニック
9位	サントリーホールディングス
10位	ソフトバンク

転職人気総合ランキング2020(転職サービスdoda調査)

仕事選びの4つの基準値

Ⓐあなたが大事にしたい「働きごこち」の中身を確認しましょう。

(1)下記の30項目から特に重視する5項目を選んでください。

	会社の環境について
✓	1 新しい組織や部署をゼロから立ち上げる喜びを感じられる会社で働きたい
✓	2 安定していて、変化が少ない会社で働きたい
✓	3 伸び盛りの成長している会社で働きたい
✓	4 歴史があるが、生まれ変わろうとするタイミングの会社で働きたい
	職場の特徴について
✓	5 ルールや決めごとの少ない職場に所属したい (ex.自分のデスクで飲食をしない、喫煙場所が指定されている…など)
✓	6 キレイで必要な設備が整った快適な職場に所属したい
✓	7 海外にかかわるチャンスがある職場で働きたい (ex.海外出張がある、取引先が海外企業である…など)
✓	8 出張や異動がなく、自分が希望するエリアだけで働きたい
	職場の雰囲気について
✓	9 一体感や団結力を大事にする職場で働きたい
✓	10 個人で仕事が完結する職場で働きたい
✓	11 みんなと常に競い合う風土の職場で働きたい
✓	12 チームワークがあり、お互いに助け合う風土の職場で働きたい
✓	13 お互いを認め合い、理解し合えるような風土の職場で働きたい
✓	14 規律が明確で、キチンとした職場で働きたい
✓	15 尊敬できる先輩や上司がいる職場で働きたい
	職場の価値観について
✓	16 仕事に専念することを大切にする職場で働きたい
✓	17 プライベートを尊重する風土のある職場で働きたい
✓	18 まず行動することやスピードを重視する職場で働きたい

ポイント

自分に合った仕事、働き方、働く環境とはどのようなものなのか。どんな職場で働くことが、自分にとって心地いいのか。大事にしたいことに優先順位を付けていくことで、仕事選びの基準値を明らかにしていきます。意外にもこんなことを求めていたのか、という気づきがあるはずです。

✓	19 慎重さや確実性が重視される職場で働きたい
✓	20 人から注目される機会がある職場で働きたい（ex.外資系企業の秘書課など）
✓	21 役職にかかわらず権限を得られる職場で働きたい
✓	22 会社や所属部署に貢献することが重視される職場で働きたい
✓	23 世の中に貢献することが重視される職場で働きたい
	職場のルールについて
✓	24 何よりも仕事の成果を評価してもらえる職場で働きたい
✓	25 成果だけでなく、プロセスも含めて評価してもらえる職場で働きたい
✓	26 いずれ独立できる可能性が高い職場で働きたい
✓	27 勉強できる機会が充実した職場で働きたい
	職場のコミュニケーションスタイルについて
✓	28 誰とでもへだたりなく意見を交わすことのできる職場で働きたい
✓	29 人の気持ちを大切にするコミュニケーションがある職場で働きたい（ex.悩みを聞いてくれる先輩がいるなど）
✓	30 ムダなコミュニケーションが少ない職場で働きたい

（2）選んだ5項目に対して、合計100点を重視度によって割り振ってください。

Ⓑ 次の4項目について、全体を100点とした場合、それぞれの項目を、あなたならどのように配点しますか？

報酬が マッチする	環境条件が マッチする	経験・スキルが マッチする	働きごこちが マッチする
点	点	点	点

STEP

4

一度、振り切って考えてみる

もし、最悪の状態が起きるとすれば、どんなことですか？

もしかすると、今のままではいけないのではないか……。未来への不安があるからこそ、新しいアクションを起こすことを考えている、という人も少なくないと思います。**では、その未来への不安というのは、いったいどんなものなのでしょうか。**

ＳＴＥＰ４では、思い切って少し振り切ったワークを体験してほしいと思っています。「そんなことがあるわけがない」「そんなことができるはずがない」……。しかし、考えるだけならできるはずです。そして、それを考えてみることが、実はバイアスに惑わされず、次に進むためのヒントを得ることにもつながると私は考えています。

1つ目のワークは、もし最悪の状態が起きるとすれば、どんなことか、を具体化してみることです。

人生の最悪観シナリオを描いてみるのです。

たくさんの転職支援やキャリア相談をしてきましたが、実は、最悪の事態を言語化できている人はほとんどいない、という印象を持っています。

この先、嫌なことが起きたら困る、と考えている人はもちろんいるわけですが、その嫌なこととはどういうことなのか。どこまで行けば、それが最悪になるのか。これがイメージできていないのです。

最悪のことなど想像したくもない、という考え方もあります。しかし、最悪のことを想定するからこそ、きちんと備えができる、という考え方もあると私は思います。そして最悪のことを具体化したときにこそ、それがどういうものなのかを、しっかり認識できる。**最悲観シナリオを避けるために、どんなことができるのかに頭が向かうようになる。現状の分析は正しいか、次の選択はどういうものにするべきかが見えてくるのです。**

これができていないと、目先のことにばかり目が向いてしまいます。それこそ、「逃げ遅れ」は典型的な例です。そしてそうした選択をしてしまう裏側には、やっかいなものが潜んでいることにも気づくことになります。サンクコストです。

サンクコストは日本語に訳すと埋没費用。ファイナンスや経済学でよく使われる「回収できなくなった投資費用」を意味する言葉ですが、これが転職の邪魔をしてしまうことが数多くあるのです。端的にいえば、このセリフです。

「せっかくここまでやってきたんだから」

これまで築いてきたこと、やってきたことを捨てて、会社を替わる、仕事を変えるなんてもったいない、という感覚に陥ってしまうのです。

サンクコストに縛られていると、「15年も勤めているから」「課長にまでなったから」「この業界が好きだから」などという理由で、冷静な判断ができなくなってしまいます。また、せっかくやってきたのだから、また同じ業界で同じ経験を活かしたい、という発想にもつながっていきます。

しかし、もしその業界が下り坂になっているとすれば、転職をして会社を替えても、やはり下り坂は変わらないのです。「せっかくやってきたから」の危険に早く気づく必要があります。

サンクコストに引っ張られて、行く場所がなくなってしまうようなことになれば、今よりもはるかに苦しい状況に陥ります。

人生の最悲観シナリオを描いてみましょう。それは、未来を考えるうえで、大きな示唆を与えてくれます。

「人生の最悲観シナリオ」を描いてみる

以下の質問に対する、あなたなりの答えを考えてみてください。答えにくい質問はスキップしても、後回しにしてもらっても結構です。

● あなたが人生において「これは本当に幸運だった」と思うことは何ですか？

● 現実に想定可能な、最も貧困に苦しむ一日をイメージしてください。

● あなたに起こりうる「最も不運なできごと」とはどんなものでしょうか？

● それが発生する確率は、いったい何パーセントくらいでしょうか?

● あなたの余命があと365日だとわかったら、まず何をしますか?

● もしも死の瞬間に後悔することがあるとすれば、それはどんなことだと思いますか?

● あなたが生まれてきたことに何らかの使命があるとすれば、それはどんなものでしょうか?

● あなたが想定するあなたの寿命のうち、現在は何パーセント経過したところですか?

ポイント

最悲観シナリオを考えることは、裏返せば、人生で何を大事にしているかを考えることでもあります。その優先順位は何かについても、頭を巡らせることになります。起きてほしくないことをどんどんイメージすることで、逆に起きてほしいことも見えてくるのです。また、最悲観シナリオを実際に描いてみると、その発生確率がいかに低いかという事実を冷静に見ることができるメリットもあります。

「自分が自分に給料を払うとしたら」を考えてみたことがありますか？

思い切って振り切ったワークの2つ目は、「自分株式会社」について考えてもらうことです。**転職をするのではなく、今起業して会社を作り、自分の持っているスキルで事業を始めるとしたらどうか。**それを考えてみてもらいたいのです。

起業なんてするつもりもないし、選択肢にもない。そういう人も多いと思います。ある意味、転職をして会社を替わることと対極にある選択といえるかもしれません。しかし、だからこそ、そこに近づいてみることで気づけることがあります。

たくさんの転職支援やキャリア相談に関わるなかでキャリアチェンジが思うように進まない人たちの多くに、偏った考え方や思い込みがみられました。その考え方のままではうまく進みようがないのに、軌道修正することなく転職活動を進めて、時間切れになってしまう。希望する企業からすべて「お見送り」となってしまう。そういうことが現実に起こり得るのです。

そして、私はその考え方をもたらしている最大の要因のひとつは、「雇われることしか選択肢にない」ということではないかと思い至るようになりました。だから、**雇用する側の目線になれない。報酬を支払う側の目線で発想できない。買い手が望んでいる「売り」を見つけられないし、アピールできない。**

雇用されることに執着するあまり、雇用する側から見た自分が見えなくなる。報酬と給与がごちゃまぜになり、給与は自分が提供できる価値の実勢価格であり、価値と金銭を交換している、という事実に気づけなくなってしまうこともあります。

たとえば、待遇が充実した大手企業に勤めていて、年収が１０００万円だったとします。面接のタイミングで、「前職が１０００万円だったので、次は１１００万円を希望します」と言ってしまう人がいるのです。本人としてはごく自然な発言として、普通に口にしてしまう。

しかし、もし会社が１０００万円を給料として支払うのであれば、その人が最低でも１０００万円以上の利益をもたらさなければ、会社は赤字になってしまいます。社会保険やその他経費を考えると、年収の3倍の粗利を稼ぐ必要があるという見方もあるほどです。**まず必要なのは、最低１０００万円の利益を出せる見立てを伝えることであって、その向こうに初めて、自分の取り分の報酬の話があるわけです。**こういうことも「自分株式会社」を作るプロセスで見えてきます。自分が自分を雇用するとしたら、という視点移動が起こしやすくなります。

成果を出し続けなければ生き残れないのは、個人も同じ

ワークでは、まず「自分株式会社」事業計画を作ってもらいます。そのために、自身の経験を棚卸しします。提供できる価値から、仕事領域をイメージします。市場の分析をして戦略を考えます。そして、理想のビジネスを考えてみます。

事業計画を作ってみることで、いろんなことが見えてきます。自分はどんなところに、どんな価値を売り込める人間なのか、をイメージできるようになります。

「自分株式会社」が人を雇うとすれば、いくらの給料を払えるか、想像することにもなります。それは、自分自身も含めて、です。「自分株式会社」は、あなたにいくらの給料を払えるでしょうか。

会社が給料を払うというのは、そういうことなのです。**もらう立場では、どうしても考えが甘くなる。しかし、払う立場になれば考えはシビアになります。**会社の経営者というのは、そうやって給料をとらえているわけです。その感覚を体験することができます。

そして実際に起業するわけでもないのに、「自分株式会社」について考えるのは、もうひとつ理由があります。すでにお気づきかもしれませんが、キャリア戦略は、事業戦略に極めて似ているからです。

どんなドメインを定め、何を優先して競争するか。悲観・楽観の絵を描いて、いかに二の矢、三の矢を用意しておくか。

会社は成果を出し続けなければ、生き残れません。売上、利益がなくなれば、倒産するしかない。しかし本来、それは個人も同じなのです。成果を出し続けなければ、生き残ることはできません。そのための努力をし続けなければならないのです。

この感覚を身につけて転職市場に出ていくのと、「雇われるのは当たり前」「給料をもらえるのが当たり前」の感覚で出ていくのと、圧倒的な差がつくことはご想像いただけると思います。

そして**「自分株式会社」を考えることで、「本当の自分の売り」も見えてきます。**やってきたことと売りは違う、ということにも気づけます。ピント外れのスキルをアピールしてしまわずに済む。

自分目線の強みを言わなくなります。相手目線で、強みを考えられるようになります。

ワークは簡単なものではないと思います。もしかしたら、書けないところもたくさん出てくるかもしれません。しかし、それはそれで構いません。埋められなくてもいい。考えることにこそ、価値があるからです。

SWOT分析とは、強み(Strength)、弱み(Weakness)、機会(Opportunity)、脅威(Threat)の頭文字から命名されたフレームワーク。経営戦略や事業計画の現状分析を行う経営戦略策定方法。自分の優位性を絞り込んで戦略を策定する際に役立ちます。

マイナス要因

Weakness

克服すべき弱みは?

Threat

回避すべき脅威は?

「自分株式会社」の事業計画書を作ってみる

❶ SWOT分析で自分株式会社を整理してみましょう。

	プラス要因
内部環境	**Strength** 活かせる強みは?
外部環境	**Opportunity** 市場での機会はある?

ポイント

「自分株式会社」の事業計画書づくりは、いかがだったでしょうか。自分が今、持っているスキルでどう起業するか。振り切って考えてみることで、これまで見えなかったものが見えてきたのではないかと想像します。これによって、普段はあまり考えない「雇用する側」への視点移動ができるのではないかと思います。

❷ 自分が今、持っているスキルでどう起業するか。戦略を立ててみましょう。

どのような業界・企業に?
どのような経験・スキルを?
何を競争優位性にして?
どんな競争相手と戦っていくのか?
いつまでに何をするのか?

STEP

5

未来に踏み出す

本当に必要なお金は、いったいいくらでしょうか？

転職の際、最も大きな足枷になるもののひとつに、報酬の問題があります。今ある年収が転職によって下がってしまうことは不可能だ、と考える人が少なくないのです。

実際、年収が１０００万円以上でなければいけないと、９２０万円の年収を提示されたために断ってしまった、という実例がありました。差額はわずか80万円です。もしかしたら、自分に合った仕事で、将来的に年収が上がる可能性もあったかもしれないのに、初年度年収のたった80万円の差額で、チャンスをみすみす捨ててしまったのです。

では、80万円下がったら、生活にどんな変化が起きるのでしょうか。社会保険料や税金は年収が大きくなるほど増えるため、額面で80万円の違いは、手取りにすると約60万円の差額となります。手取り金額でいうと約７２０万円と約６６０万円です。根本的に生活支出を見直さなければいけないような差ではないのではないでしょうか。

年収と手取り額の差

年収	手取り
500万円	380万円
520万円	390万円
540万円	410万円
560万円	420万円
580万円	440万円
600万円	450万円
620万円	460万円
640万円	480万円
660万円	490万円
680万円	505万円
700万円	520万円
720万円	530万円
740万円	540万円
760万円	555万円
780万円	570万円
800万円	580万円
820万円	595万円
840万円	610万円
860万円	620万円
880万円	635万円
900万円	650万円
920万円	660万円
940万円	680万円
960万円	690万円
980万円	700万円
1000万円	720万円

もう少しいえば、前職での年収は過去その企業で貢献してきたことによる昇給の結果であり、さらにいえば実績に対する報奨としての賞与が含まれていることも多いはずです。**まだ実績を出していない会社の初年度年収とは前提条件が異なるので、横並びで比べること自体にも無理があります。**

また、このチャンスを見逃すことで、次の転職先が見つかるまで収入が得られないロスタイムが生まれる可能性もあります。

もとより大きな年収ダウンを提示されたとしても、実力さえあれば、あとから成果をあげて昇給することも可能なはずです。特に未経験の業界に移ったり、新しい職種にチャレンジするときには、これまでの経験値が通用しないので、一時的に収入が下がってしまうことはよくあります。しかし、経験を積み増していくことでスキルが高まり、それが成果につながっていくことで、入社後に大きく収入が上がる方はたくさんおられます。

ずっとひとつの会社にいた場合には得られなかったような年収の伸び率を、いくつかの会社への転職によって手にしている人だっているのです。もちろん、役割や権限でも以前とは比べ物にならないポジションを手にする人もいる。

ところが、一時的に給与が下がってしまうからと、チャレンジに踏み出せなかったら、こういう変化も起きようがないわけです。

前職より高い給与でスタートすると、しんどくなる

年収だけが自分が評価されるモノサシで、それを自分の値段のように考えてしまっている人ほど、年収に対してかたくなな姿勢になる傾向があります。しかし実際には、年収は、役割と成果に対しての対価に過ぎません。

転職したばかりでは、その役割と成果がまだはっきり見えない。雇う側からすれば、どれだけ活躍してくれるのか読み切れない。だから、固定費として最初から最大限の金額を設定することは難しいケースがあるのはやむを得ないことだと思います。

迎え入れる側からすると、前職でいくらもらっていた、という事実は参考指標ではありますが、それ以上のものではありません。それはあくまで前の会社で生み出した成果に対する報酬の話であって、会社が変われば仕事での役割と成果とはまったく別のものになるからです。

ただ、ほとんどの企業の評価制度や報酬制度は、役割を果たし成果をしっかり出せば、それに連動した内容になるはずです。転職面接では、むしろ、入社した時点の収入よりも、この評価制度の詳細を聞き、納得できる内容であるかどうかを確認すべきです。

私が転職をお手伝いした方々の事例でいえば、**転職した初年度年収は、前職時代よりも低い水準でスタートしたほうが、その後活躍して、昇格昇給を実現しているケースが圧倒的に多くなっ**

ています。逆に、もともとの企業側オファーよりも高い報酬水準でスタートすると、周囲の視線も厳しくなり、期待にこたえきれずに早期に退職してしまう事例も多くなります。

また、ベンチャー企業であれば、昇進昇格も早く、あっという間に給与が倍になったり、ストックオプションで大きな財産を手にするチャンスを得られることもあります。入社直後の年収だけでなく、入社後10年の総収入がどう変わる可能性があるのか、もっといえば社風や仕事にフィットするのかどうかといった充足度をより重視していただきたいと思います。

そしてもうひとつ、年収にこだわる理由は、本当に必要なお金がいくらなのか、実は自分でよく把握できていない人が多い、ということもあります。だから、お金はあればあったほうがいい、という発想になってしまう。

そこでぜひ、新しい未来に踏み出すうえで挑んでいただきたいワークが、本当に必要なお金はいくらなのか、洗い出してみることです。

それも、**「松竹梅」で考えてみる。現在の年収での生活が赤字でなければ、現在の年収を「松」と書き、それより10%低い金額を「竹」、20%低い金額を「梅」とおいて想定してみてください。**

必要なお金を具体化させ、松竹梅と3つのコースを想定しておくことで、年収や給与に対する向き合い方はまったく変わっていくと私は思っています。

本当に必要なお金は、いったいいくらなのか

「お金はあればあっただけいい」というのはほとんどの人が思うところですが、生活をしていくために必要な金額を冷静に考えてみましょう。もし今の年収での生活が赤字でなければ、その年収を「松」とみなして、現時点の主な支出を、年間合計で書き出してみてください。「竹」は現在の年収から10%低い場合、「梅」は現在の年収から20%低い場合を想定して、食費、住宅費、娯楽費、交際費、光熱費など、どの項目をどれくらいやりくりすれば いいか、赤字を出さないための内訳案を想定してみてください。

松

竹

梅

ポイント

どのくらいのお金があれば、望むような暮らしができるのか。その暮らしは自分が本当に求めるものなのか。それを整理し、理解することで、必要コストがわかります。それを知ることで、より自分に合った仕事に出会えるチャンスが増えるのではないでしょうか。

自分にとっての本当のリスクとは、何でしょうか？

ＳＴＥＰ２では不安について、ＳＴＥＰ４では人生の最悲観シナリオを考えてもらいましたが、改めて自分にとっての「リスク」にはどんなものがあるのか、考えてみてほしいと思います。改めてワークをやってみて、浮かんできたリスクもあったはずです。

最も起きてほしくないことは、どんなことか。どういうケースで、それは起こりうるのか。失って一番つらいものは何か。仕事面で浮かぶものは。あるいはプライベートで想像できるものとは。リスクだと思えるものを、どんどん書き出してみてください。

先にも書いたように、何が悩みなのかぼんやりしている状態が、不安を引き起こします。だから、どんどん具体化し、可視化していく。そうすることで、不安を客観視できるようになります。なんだ、こんなことで不安になっていたのか、と気づくことができます。そのためにも、リスクを洗い出してください。そのうえで、自分にとっての真のリスクは何なのか、明らかにしてください。

人生における「真のリスク」は何か、考えてみる

ポイント

自分にどんなリスクがあるのか、しっかりと向き合う機会はなかなかありません。とにかくあらゆるリスクを明らかにしてしまいましょう。少しでもリスクだと思えるものはすべて書き出す。そのうえで、どれが軽く、どれが重いリスクなのか、改めて確認してください。

人生で本当に大事なことは、どんなことでしょうか？

35歳からのキャリアを考えるうえで、何よりも重視してほしいこと。それは「自分自身は今後のキャリアをどうしていきたいのか」という方針です。

意識を大きく転換させなければいけないことは、そこにはすべての人に合致する正解などないこと。

子どもの頃から20代までは、おぼろげに正解のようなものが指し示されていたかもしれません。たとえば、親の教えであったり、学校での教えであったり、社会が求めるものであったり。しかしそこにも、もともと正解があったわけではない、と語っていたのは元リクルート出身で民間人初の都立中学校長を務めた藤原和博さんでした。ある人にとっては正解でも、ある人にとっては正解とは限らなかった。本来、人が持っている価値、大事にしたい価値は多様なはずなのです。

にもかかわらず、「誰かの正解」を追いかけてしまうとどうなるか。それを手にできたとしても、手応えがなく、充足感を得られない人生になってしまいかねないのです。

だからこそ、30代以降のキャリアを考えるときには、「誰かの正解」ではない、「自分だけの正解」を追いかける必要があります。それこそが、人生に納得や満足を与えてくれるものだからです。**世の中で正解だとイメージされているものに辿り着けても、自分自身が幸せを感じられないのであれば、まったく意味がありません。**

そこで重要になってくるのが、自分自身の価値をしっかりと見直すことです。

自分は何を大事にしたいのか。何を求めたいのか。それこそ、仕事ばかりにアクセクするのではなく、プライベートを充実させたい、という生き方もあります。スキルを身につけて、世の中の役に立ちたい、という生き方もある。とにかくお金や出世を追い求める、という生き方もあるでしょう。

どんな価値観であったとしても、それを求めたいのであれば、自分にとってはそれが正解です。誰がなんと言おうと、それを目指せばいいのです。

逆に、この価値観がはっきりしていないと、なんだかどうにもうまくいかない、満足できない、という状況に陥ってしまいます。なんとなくの「誰かの正解」に惑わされて、心地良くない日々を過ごさざるを得ないことになりかねないのです。

日本は経済的にとても豊かな国です。よほどのことでもなければ、ご飯が食べられない状況に陥ってしまうことは、そうそうないでしょう。であるならば、自分の正解を追求しないのは、極めてもったいないことだと私は思っています。

それこそ、私が会社を辞めて起業したときは、1年間、自分の月々の給料を6万円に設定しました。会社員時代からすれば、激減どころではありません。しかし、それでも起業の道に踏み出したかった。ミドルの転職支援事業はこの先絶対に必要になると思いました。だから、収入が激減しようが、やってみようと考えたのです。

自分にとっても、社会にとっても、大いにポテンシャルがあるのに、それが活かせない。そういう状況こそ、本当の意味でのリスクになるのではないかと思っています。

人生で大事なこと⑩のチェック

リスクや不安を整理し、過去から未来を見通したうえで、改めてやっておきたいことが、人生で大事にしたいことを改めて確認するプロセスです。下記の10の視点で、現時点の自分自身を振り返ってみてください。どんなささやかなことでも、変化させてみたいことを書き出してください。

1 人生の主導権を自分が握るために、コントロール可能なテーマを絞れているか?

人生をコントロールするとは、自分にとって「何をどうすることなのか」を考えましょう。自分がコントロールしたい事柄を特定すると、効率的に力を集中させることができるようになります。

2 自己の強みを知り、自分を信頼しているか?

ものごとを成功させるためには、まず自分の強みと弱みを知り、受け入れることが重要です。長所だけではなく短所も受け入れ、自分自身への理解を深めましょう。

3 強みを伸ばす具体策を決めているか?

自分の強みや長所を伸ばすと、人生をより自分らしくコントロールできるようになります。そのための具体策を決めて行動に移すことがスタートラインです。

4 自分の意欲を高める環境を整備できているか?

自分自身の気持ちが盛り上がるのはどういうときかを理解し、できる限り意欲をかき立てられるような環境を用意していただければと思います。

5 適切な目標を立てているか?

お金、仕事、人間関係、プライベート。自分の人生を充実させるための目標を設定して言語化しておきましょう。目標は活性化に不可欠なモノサシとなります。

6 負担となる障害を取り除けているか?

気になることや不安のタネ、昔から引きずっている悩みごと。これらが心の片隅にあるだけで、疲労感が増してしまいます。心機一転、まずは障害の断捨離を進めることをおすすめします。

7 生活習慣を変えられるか?

何かを変化させるには、身近な習慣を変えることが最も近道です。健康面や食事など、日々の習慣を見直して可能なことからチャレンジしてみてください。

8 人間関係を再構築できますか?

もうひとつ、習慣のなかには誰と付き合うかも含まれます。思い切ってリセットすることも含めて、前向きな人間関係を構築するよう心がけてください。

9 ルーティンや定例行事を減らせますか?

時間を有意義に使うために、日々のルーティンを見直すこともおすすめします。友人と過ごす時間や睡眠時間、家族との時間を大切にして、気持ちに余裕を持てる環境を作ってください。

10 他者と比較せず、自分基準で生きられるか?

いつも自分と他人を比較する生活をしていると、満たされない承認欲求や、不必要なプレッシャーを自身に与えるだけで何のメリットもありません。自分は自分、人は人、と覚悟を決めてください。

ポイント

自分の人生で大切にしたいことに向き合うための環境ができているか。勘違いしないでいただきたいのは、それらのすべてが揃っている必要があるわけではありませんし、誰かに強制されるものでもない、ということです。ここでは、人生に対して自分自身で主導権を持つために、一般的に整理しておきたい項目をお伝えしています。一例として参考にしていただければと思います。

亡くなった後、墓標にどんな言葉を刻まれたいですか？

30代以上の人たちのキャリア相談をしていて、「ああ、バイアスがとても強いな」「自分の価値観が確立できていないな」「目先のことに目が向きすぎているな」と感じたときに、必ず聞くようにしている質問があります。

「あなたが亡くなった後、墓標にどんな言葉を刻まれたいですか？」

死ぬことを考えるなんて縁起が悪い、と思われるかもしれませんが、人は誰でもいつか死にます。そのとき、その人の人生がどんな意味を持ったのかが明らかになるのではないかと私は考えています。

その象徴的なものが、墓標に刻まれる文字です。**何を目指し、何を達成した人生だったか**。子孫に何を残したか。墓標に、どんなふうに刻まれたいでしょうか。

「社長賞を3回取った者、ここに眠る」

「年収１５００万円を達成した者、ここに眠る」
「同期よりも早く出世した者、ここに眠る」
「与えられた仕事を定年延長までひたすら43年間、続けた者、ここに眠る」

私が問いかけたいのは、人生が終わったとき、誰にどういう評価をされたいのか、自分自身で想定してみてほしい、ということです。**それを達成するために今を生きているか。未来を考えようとしているか。**

それこそ子どもの頃は、誰しも大きな夢があったはずです。ワクワクしながら、こんなふうになってみたい、と思ったはずです。学生時代は、もっともっと生意気だったかもしれません。こんなことをやってみたい、こんなことを達成してみたいという野心があった人も多いはずです。それがいつしか消えていき、夢も希望もしだいにしぼみ、いかに現状を維持するか、に陥ってしまってはいないかどうか。

もちろん、仕方がない面もあります。家族を守るために生きていくとはそういうもの、と割り切る必要もあるのかもしれない。ただ、本当にそれでいいのか。心から自分が自分に納得しているか。

死ぬときに墓標に刻まれる言葉を考えたとき、やれ目先の年収が、ポジションが、会社のブランドが、などということがいかに小さな話だったか、気づく人は少なくありません。

私自身も「そもそもこうして生を受けて生きていること自体、奇跡的なこと」だと考えています。**唯一無二の命を授かった人生であることはまごうことなき事実です**。その命を、どう使うか。自分が主役となってコントロールできる人生にしなくていいのか、ということです。

命のバトンを受けた先祖に失礼な生き方をしてはいけない

もっといえば、私が与えられた命というのは、私自身の固有の持ち物ではないと私は思っています。先祖から、ずっとバトンパスが続いて、今につながっている。私の命は今、私が預かっているだけなのです。その預かっている命を、代々の先祖はもちろん、命をもらっている自分自身に失礼な使い方をしてはいけない。もっというと、子孫の世代に恥じるような生き方をしてはもったいないということです。

限られた人生を、いかに意味あるものにできるか。世の中で何をなしていくのか。自分の人生のタスクとミッションはどこにあるのか。それこそが、追求しなければいけないことです。死ぬときに後悔しない人生にするためにも、自分を見つめ直す必要があります。

墓標にどう刻まれたいか。このまま人生が終わってしまっていいのか。改めて、考えてみてほしいと思います。そこから逆算して、今から着手できることにチャレンジしていただければと願っています。

墓標にどんなフレーズを刻んでもらいたいか

ポイント

命のバトンをつないでくれた先祖にも、そして自分自身にも、失礼な生き方をしてはいけないと私は思っています。何のために生き、何を成し遂げようとしているのか。その象徴こそ「墓標に刻まれるフレーズ」です。あなたはあなたの墓標に「どんな人物がここに眠る」と刻んでもらいたいでしょうか。

これからをどう過ごすか、戦略的に考えてみましょう

冒頭で「キャリア年表」を作ってもらいました。最初に今までのキャリアを入れ、リタイアの時期を記入したとき、その間にあるのが残り時間でした。それをどう使っていくか、ということこそ、35歳からのキャリア戦略になるわけですが、その前に大事なことがあります。それは、**何をテーマにして残りの時間を使っていくのか**、ということです。

「墓標に何を刻みたいか」というワークをすでにやってもらっていますが、多くの方がこの段階で、いわゆる世間的な成功の枠組みは、実は本質的なゴールではないのではないかということにお気づきになると思います。

年収をもっと上げる。同期よりも高いポジションを目指す。成功者と言われる……。目指すのはまったく構いませんが、それは本来の目的ではない。それが人生の目標になってしまったら、子孫もとても残念に思うに違いない矮小なことが墓標に刻まれるだけです。

実は、そういうものは単なるツールであって、目的ではないのです。

では、どうすればいいのか。人生のテーマを決めることです。これこそが、最後のワークです。そしてテーマが決まれば、どんなキャリアを目指すべきなのか。どんな仕事をするべきなのか。どんな会社で何を達成したいのか。そういった人生の指針が見えてきます。

そのためにやっていただきたいワークが、**「ＷＣＭシート」を作る**ことです。Ｗｉｌｌ、Ｃａｎ、Ｍｕｓｔの頭文字を取っています。

Ｗｉｌｌとは、自分が仕事を通じて実現したいこと。まさにテーマです。さまざまなバイアスや思い込みを排除して、このテーマを考えることが重要になるのです。

仕事を通じて実現したいことですから、年収やポジションなどではないことはすぐにおわかりいただけると思います。むしろ、とても抽象度の高いことがテーマになります。

これを理解するのにわかりやすい有名な話に、石を積み上げている2人の職人の話があります。苦しそうに石を積み上げている職人に、「あなたは何をしているのか」と問いかけると、こう答えたという。

「見てわからないのか。石を積み上げているのだ」

一方、同じ石を積み上げる仕事をしているのに、嬉々としてイキイキと石を積み上げている職人がいた。「あなたは何をしているのか」と問うと、笑顔でこう返事が戻ってきた。

「教会を造っているのだ」
「ここで大勢の人が救われると思うと、うれしくて仕方がないのだ」

人生で目指すものを、俗物的な条件から抽象度の高い生き方へと変えていくと、こういうことが起きてきます。**テーマがあれば、仕事はまったく違うものになる。人生も変わっていくのです。**

実はすでに、こうやって抽象度の高いテーマを掲げて、仕事をしている人がたくさんいます。そして多くのケースで、こういう人たちは成功しています。

理由は簡単で、頑張れるから。仕事が楽しくなるから。苦しい状況にも耐えられるから。目先の利益にとらわれないから。苦しそうに仕事をしていないから。そして何より、多くの人がついていくから。優れたリーダーとして、成果を出すことができるのです。

自分のために働いている人、私利私欲の人に、ついていこうと考える人はいません。しかし、大きなテーマを持っていて、社会のため、世の中のために頑張ろう、ということになれば、どうでしょうか。それが本当に素晴らしいテーマとしたら、どうでしょうか。

人生のテーマを踏まえて、キャリア戦略を作る

実際、抽象度の高い目標を持っている人たちは、いい表情をしています。私利私欲で働いておられないからでしょう。

優れた成果を出す人たちの多くが、こうした抽象度の高いテーマを自ら掲げて仕事をしているのです。それは、仕事に向かう大きなモチベーションにつながります。

だからこそ、まずはＷｉｌｌから始めるのです。そして**Ｃａｎで、その実現のために何ができるか、どのようなことができるようになる必要があるか、を考える。さらにＭｕｓｔでは、何をすべきかを考える。**

「ＷＣＭシート」は、すぐには埋められないかもしれません。それこそ、Ｗｉｌｌが今すぐに達成できるはずはなく、足りないものがたくさんあるはずです。そこで、ＷＣＭシートを作っていくためのヒントになる、別のワークも用意しました。

「**やりたいことリスト**」

の作成です。この2つの作成を行ったりきたりするプロセスで、自分にとってのＷｉｌｌがだんだんと見えてくるのではないかと私は思っています。

ＷＣＭシートに臨んだあとは、さらに具体的に人生をどうしていきたいのかを考えてみましょう。そして、今やるべきことを明らかにしていく。それこそが、「キャリア年表」の残時間をどう使うか、につながります。

人生をどうしたいのか、を踏まえてキャリア戦略を考えるか、それともただキャリアに限った戦略を考えるか。そこに大きな差が生まれることを、ぜひ実感していただきたいと思います。

「Will Can Mustシート」を作ってみる

❶ 「やりたいこと」を最大10つ書き出し、優先順位を付けてみてください。

❷ 10年後のビジョンを書き出してみましょう。

❸ 自分が今現在できることを書き出してみましょう。

❹ 「やりたいこと」を実現するために身につけるべきことを書き出してみましょう。

❺ 今の仕事で最低限やらなければいけないことを書き出してみましょう。

❶〜❺で書き出したことを「Will Can Mustシート」にまとめてみましょう。

	内容
Will	
Can	
Must	

ポイント

優先順位としては、「どうしてもこれだけは外せないMust」を押さえてから、「我が人生で目指していきたいWill」を言語化し、その後に、「現段階で自分が持っている資産であるCan」を考えると書きやすいかもしれません。MustとWillが固定されたら、Willを実現するために必要なCanを考え、あとは現段階のCanとのギャップを埋めていくだけです。

CHAPTER 2

35歳からの「転職の思考」

35歳からの転職、3つのパターン

CHAPTER2では、具体的に転職に踏み出す際の「考え方」について書きます。35歳からの転職では、ぜひアップデートしておいていただきたいことです。

たくさんのキャリア相談を手がけてきて、転職には大きく3つの型があると感じています。**「卒業型」「逃亡型」「脱藩型」**です。

それぞれの典型的なケースを次ページに掲げましたが、「卒業型」は、送り出す会社に惜しまれつつも、しっかり折り合いがついており、時間をかけて十分な引き継ぎ期間を設けているなど、円満退職率が高いパターンです。

「会社が嫌で辞めるわけではない」「育ててくれた恩義は感じている」など、退職はするものの、離職時点での満足度も高い、理想的な別れ方と言っていいかもしれません。

ただ、**辞める側・送り出す側が両方満足する「卒業型」の出現率は低い**のが実情で、会社の風土や経営者・上司の考え方、経営状態、時代環境など、いくつかの要素が重なりあう必要があるようです。

❶ 卒業型… 退職はするものの離職時点での満足度は高く、理想的な別れ方

・この会社でやるべきことはやり終えた
・ちょうど区切りのいいタイミングなので
・この会社では身につかないことを経験したい
・居心地のいい職場からステップアップしたい

❷ 逃亡型… 過酷な労働環境が理由で逃げるように辞めるパターン

・あまりに過酷な労働条件で心身ともに疲れ果てた
・パワハラの常態化によりメンタルに影響し、頭痛や疲労感が抜けない
・会社の業績低迷とともに雰囲気も悪くなり、戦略も支離滅裂になってきた

❸ 脱藩型… 理念や経営方針への違和感から会社と決別するパターン

・経営陣が刷新してからの経営方針にどうしても共感できない
・事業撤退の判断に納得ができない。会社を替わってでもこの領域で勝負してみたい

このパターンで転職する人は、心理的余裕があることも影響するのか、たとえば自分の人脈経路で転職先を選び、自分にとって満足度の高い転職をする割合や、結果的に転職先でも早期に活躍を始める傾向があります。

2つ目の「逃亡型」は、程度の差はあれど、もっとも出現率が高いパターンです。中堅社員以上のベテラン層になるほど多くなる傾向があります。心身に異常をきたしかねない環境から自己防衛として一刻も早く退職すべき事例もあれば、「当時の上司に言われていたことは、今思うとすべて自分を思いやってのことだった」と後悔するような〝早すぎる逃亡〟も混在しています。

いずれもタイミングの見極めが極めて難しいのですが、**ときにはキャリア相談のヒアリングをしている最中に、上司や会社への批判が止まらなくなってしまうこともあります。**

あまりにもこじれ方がひどい場合は、面接での回答にも恨み節の気持ちが表れてしまい、転職活動が長期化しかねないので、精神衛生的にも経済的にも、できればそこまで長びく前に手を打ったほうがいいと思います。

3つ目の「脱藩型」は、経営戦略との齟齬《そご》や、理念・ビジョンなど事業の上流レイヤーでの違和感がきっかけとなって会社と決別するパターンです。**もともとは会社へのロイヤルティーが高く、実力も評価も高い人が、自分に信念や職業的なプライドを守るために、やむなく別れを告げて別の道を行く、というケースが典型的です。**

会社への忠誠や愛着よりも自分のなかの信念や正義感を重視するという自立心や自尊心が高い人が多いですが、出現率自体は極めて低いパターンです。ご本人が抱いている戦略や考え方に合理性が備わっている場合は当然、顧客や従業員からの共感を勝ち取る可能性も高く、逃亡型転職よりも高い確率で、満足度の高い転職や起業を実現されます。

以前の転職でうまくいったイメージは捨てたほうがいい

いずれのパターンであっても、35歳からは安易な転職は決しておすすめできません。先にも触れたように、転職市場では35歳を超えた瞬間から需要が一気に下がるからです。この流れは40歳、45歳と、年を経ることに強くなっていきます。

転職することで年収が上昇する割合が顕著に低下しはじめるのも35歳からです。景況、業界や専門領域により微妙に異なりますが、意外な落とし穴といえるかもしれません。

特にリーマンショック後の時期に、30歳前後で転職した経験がある人は、転職市場での自分の評価が、予想以上に高かったと感じたケースも少なくありません。

実際、こんな例があります。大手医療機器メーカーで経営企画職をされている39歳のAさんは、34歳で初めて転職活動をした際、とんとん拍子で複数企業から内定が出たり、好条件の年収額が提示されたり、高嶺の花だと思っていた企業からオファーがかかるなど、「自分は世の中からこんなに必要とされているのか」と驚いたと振り返っておられました。

ところが、今の会社の業績悪化に伴い、転職活動を始めてみると、5年前とはまったく違う状況にショックを受ける事態になってしまいました。中途採用市場は、当時よりもさらに活発化していて、Aさん自身のキャリアもミドルマネジメントとして磨きがかかっていたにもかかわらず、です。**5年前には、10社応募すれば5、6社は面接に進めていたものが、今回は書類選考の通過すら難しく、結局20社以上応募して面接に進めたのが3社。**しかも、いずれも不採用になってしまったということです。

経営企画が人気職種で、ポジションの割にライバル応募者が多いという事情や、応募している企業が、知名度が高く規模が大きいという理由もあります。ポジションが上がり、以前より年収水準が上がって、希望年収が高くなったこともあります。ただ、そのどれもが5年前とそこまで決定的な違いがないため、やはり年齢による企業の視線の厳しさが背景にあるとAさんは感じておられました。

会社を退職して、いざ転職活動を始めてみると、「募集条件は満たしているのに、30社連続不採用でどうすればいいかわからない」といった転職者からの相談は、今も後を絶ちません。背景には、採用時に年齢を過剰に重視する日本雇用の特徴があるのですが、仕事を探す側としては、それをしっかり意識しておく必要があります。そのためにも、次の3つに留意しておくことです。

1 募集条件は最低条件でしかない

「業務経験」「必要な資格」などは、必要最低限のものでしかありません。その条件に合致していれば書類選考を通過できるという意味ではないのです。

2 同じ求人に、あなたに見えないライバルは29人

1件の求人に対して応募者は約30人存在する、と仮定しておきましょう。職務経歴書にはできる限り、あなたならではの優位性をまとめるよう意識してください。

3 経験の有無にとらわれ過ぎない

企業から見た場合の経験は、同じ業界や同じ仕事に限られているわけではありません。経験の意味を広範にとらえることで、選択の幅が大きく広がるケースが多いのです。

「退職してからの転職活動」はしてはいけない

35歳からの転職は厳しいものになる可能性が高いだけに、まず留意しておいてほしいことがあります。それは、とりわけ初めての転職であればなおさら、在職しながら転職活動をしてほしい、ということです。

仕事をしながらでは忙しいので、会社を辞めてから転職活動を始めたほうがいいのではないか、と考え、まずは会社を辞めてしまう人がいます。しかし、これは危ない。**特に、先が見通せない時期、不況が予想される時期は避けることが鉄則です。**実際に新型コロナウイルス騒動のさなかは、企業の採用の多くがストップしてしまいました。

また、給与をそれなりにもらっていると自覚しているなど、比較的好待遇の状況にあるのであれば、特に注意をしなければいけません。なぜなら、それが当たり前の条件になっていたり、何らかのバイアスを強く受けてしまっていることが少なくないからです。

「なかなか転職先が決まらない」という厳しい状況を、社内にいて給料をもらいながら体感していない人は、大きなリスクにさらされる可能性があります。

転職活動の実態

状況	在職中：40%　離職中：60%
手段	転職サイト3社＋転職エージェント3社
打診	応募者数27社
プロセス①	書類通過数7社
プロセス②	面接3.5社
プロセス③	内定1.5社
入社	入社1社

90日

いきなり会社を辞めてしまい、収入がストップしてしまったなかで、次の行き先が決まらないと、精神的に追い詰められてしまうことは言うまでもありません。余裕を持った転職活動ができなくなってしまいます。だから、退職してからの転職活動はおすすめしないのです。

そして、**自分の思い込みで会社や職種を絞り込んでしまわないこと。できるだけゼロリセットで考えてみる。**実際には、直接の経験がなくても、自分の持っているポータブルスキルが活かせる可能性もある。その移動幅が少ないところは、選択肢になりえます。

だから、まずは手を挙げてみることです。「興味があります」「応募します」とアクションを起こしてみる。応募したからといって、ほぼ落ちてしまうのが現実です。先にも書いたように、公開されていない事実上の年齢制限に引っかかってしまうことも少なくないからです。

それこそ、**それほど関心のない会社に応募してもいい。**もしラッキーにも書類選考に通過すれば、次のステップを経験することができます。会社を見にいくこともできるし、面接も体験できる。実際に話を聞くことができる。転職活動の経験ができるのです。

まずは、最初からいきなり採用されるなどと考えず、このくらいから始めてくださいと私はアドバイスしています。仮に内定が出てしまったところで、断ることもできます。応募したら行かなければいけないわけではないのです。ところが、応募するとほぼ受かると考えてしまう人が多い。とんでもない考え違いだと知る必要があります。まずは、応募してみることです。

転職で取り戻せる確証がないことを退職理由にしない

キャリア相談を始めるにあたり、私自身が心がけていることがあります。それは、単純に「会社を辞める理由は何ですか？」「転職理由は何ですか？」という質問をしないことです。そうではなくて、「何のために会社や仕事を変えようとするのか」という質問をするようにしています。

なぜ転職することになったのか？　なぜ辞めようと考えているのか？　という表面的な理由よりも、転職の目的や心理的態度を聞くことのほうが重要だと考えているからです。

極論すると、**「転職を考えるきっかけになった理由は何か？」ということよりも、「何のために仕事をしているのか」を知ることのほうが大事だからです。**仕事に対する自尊心や向き合う姿勢、「自分自身の仕事人生をコントロールする主導権を、自分自身が握っているのかどうか」を把握しやすいからです。皆さんにはすでにワークを体験していただいているので繰り返しになりますが、働く個人にとって、会社や組織、ポジション、年収などの条件はとても重要な要素ではあっても、それらの外形的条件に依存するよりも、自分自身が仕事人生の主導権を持って働けるかどうかのほうが、人生の満足度の高さに直結する重要な要素だと私は考えています。

そして知っておかないといけないことは、今の会社を辞めたい理由は転職によって必ずしも取り戻せるとは限らない、ということです。取り戻せる確証がないことを理由にしてしまうと、あとでやっかいなことになります。

たとえば、役職定年が気に入らないから会社を辞めたい。この場合、転職したからといって、役職が付くかどうかはわかりません。業績悪化で給料が下がってしまった。しかし、だからといってそれまでの給料が転職した次の会社で手に入るとは限りません。つまり、**会社を辞めたい理由と、転職先を探す条件と、転職先を決める条件はすべて別にしたほうがいい**、ということです。それをざっくり「転職理由」と呼ぶのですが、会社を辞めたい理由なのか、転職先を探す条件なのか、決める条件なのかはすべて違うということを認識しておくべきです。

35歳からの転職では、会社の将来不安、売り上げが下がってきたといった会社まわり、上司と合わない、社長がワンマンといった人間関係まわり、給与が上がらない、昇給しないといったお金まわり、さらには今の仕事を続けていても仕事人として成長できないという声など、さまざまな理由があります。それらをすべて転職で取り戻そうとすると、おかしなことになる。給料は上がったけれど、慣れない超ハードワークになってしまった、というのは典型例です。

大事なことは、どうすればこれから幸せな仕事人生を送っていけるか、ということなのです。個別具体的な「辞めたくなった理由」にこだわらないことです。

会社を辞めたい理由

・仕事と給与が見合っていない
・男性ばかりの職場でストレスが大きい
・ノルマの重圧に耐えられなくなった
・毎日毎日、同じ仕事に嫌気がさした
・仕事内容をどうしても好きになれない
・自分の性格や能力に仕事が合わない
・新しいことに何も挑戦できない
・社風や職場の雰囲気が合わない
・正当な評価が受けられない

転職先を探す条件

・社名や商品を知っている会社かどうか
・前職時代の年収1000万円は譲れない
・住宅・不動産業や生命保険・損害保険の営業は希望しない
・IT業界や金融業界は専門知識がないので難しい
・成果連動型の報酬制度の案件は避けたい
・年齢的に今さら現場で汗を流したくない
・総務、人事など管理部門でのマネジメントには自信がある

転職先を決めた理由

・勤務条件（休日や勤務時間帯）が合う
・社風・職場の雰囲気が自分に合う
・休日や休暇制度が充実している
・やりたい仕事ができる
・自分の能力を活かすことができる
・人間関係が良好である
・待遇や福利厚生が充実している
・年収が上がる
・自分のスキルアップにつながる
・会社に将来性がある
・新しいキャリアを積むことができる
・働きたい業界である
・自分の市場価値が上がる
・評価制度が整備されている
・企業理念が自分に合う
・仕事で社会に貢献できる
・研修や教育体制が充実している
・家庭の事情
・知名度のある会社である

「満額」は揃わない。上位3つを決めておく

何かを手に入れれば、何かを失う可能性がある。ですから転職では、トータルにポジティブ条件を考えておかなければなりません。どう考えても、あれもほしい、これもほしいの「満額」は揃うことがない。だから、**最初から優先する条件をしっかりと自分で考えておく**必要があります。しかも、ネガティブなものではなく、ポジティブなもの。こんな実例があります。

Bさんの会社は成長しているけれど、社長のカリスマ性が強烈です。個性的なリーダーシップに疲弊してしまった、というBさんは、そうじゃない経営トップを求めて転職をしました。

慎重に選んだのは、仏のような心を持った社長。しかし、会社は上昇志向が薄く、大きく儲けようという意識が低い。当然、利益も少ないので、給与水準も低い。このままでは、これまでのような生活ができません。

ネガティブなことを転職の条件にしてしまうと、こういうことが起こります。だから、自分が機嫌よく働ける状態をポジティブに発想していく必要があります。それを網羅して条件化していかないといけない。

実は転職先探しというのは、家探しにとてもよく似ています。ポジティブな条件を一つでも定めておかないと、探しようがないのです。

駅近がいいのか、陽当たり重視なのか、ペット可の物件がいいのか、スーパーや病院が近いところがいいのか……。これは経験した人はわかると思いますが、変数がとても多いので、大切にしたい3つくらいのポイントを決めておかないと家探しはとてもできるものではありません。

条件を決めないと、いつまでも決められず、もっといい家があるかもしれない、ということになってしまう。沿線なのか、駅なのか、歩く距離なのか、生活のしやすさなのか、条件がなければいけないのです。

そして、「満額」はない。必ずどこかで妥協しなければいけない。これは、家探しでは当たり前のことです。間取りはいいけれど、北向き。陽当たりはいいけれど、ちょっと狭い。何かに目をつぶらなければいけないのです。

絶対にトレードオフが必要になる。ただ、ポジティブに求めるもので優先順位が高いもの3つがクリアされていれば、十分に納得できます。

転職も同様です。変数がとても多い「買い物」なのです。昼ご飯をカツ丼にするか、カレーにするか、といったシンプルな選択にはならない。変数が多いから決めにくいという構造を知っておくことが大事になるのです。

企業理念、ビジョン、事業戦略

「事業・商品」の特徴、仕事内容、タスク

社風、経営者、社員

評価、教育制度、給与、設備、勤務場所

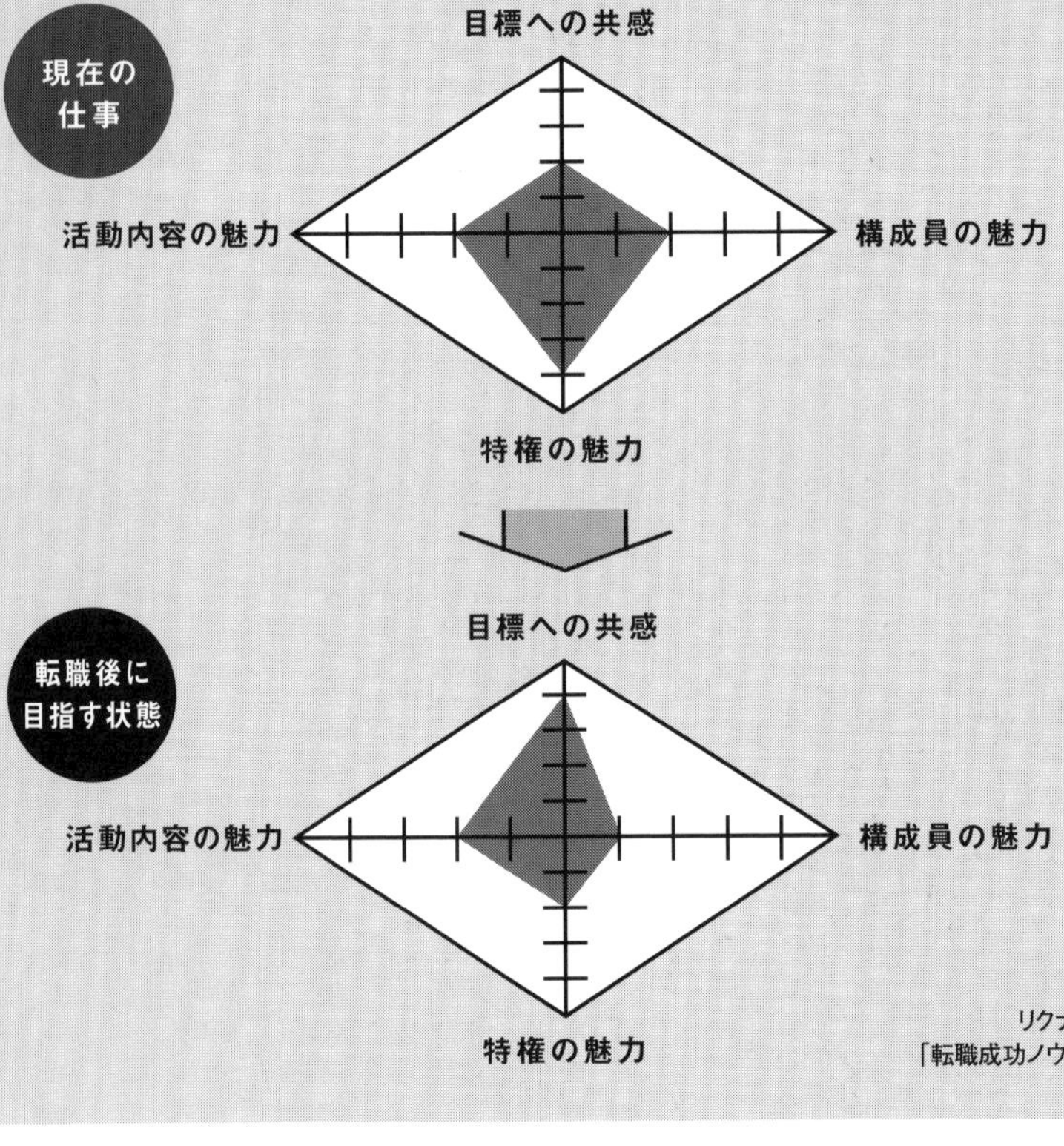

リクナビNEXT
「転職成功ノウハウ」より

自分が優先したいことの傾向を知る

転職で優先する条件はどのようなものになるのか。重視したい項目についてその度合いを出すことで、右側のグラフの例を参考に、左側で自分の優先順位傾向をグラフにしてみてください。

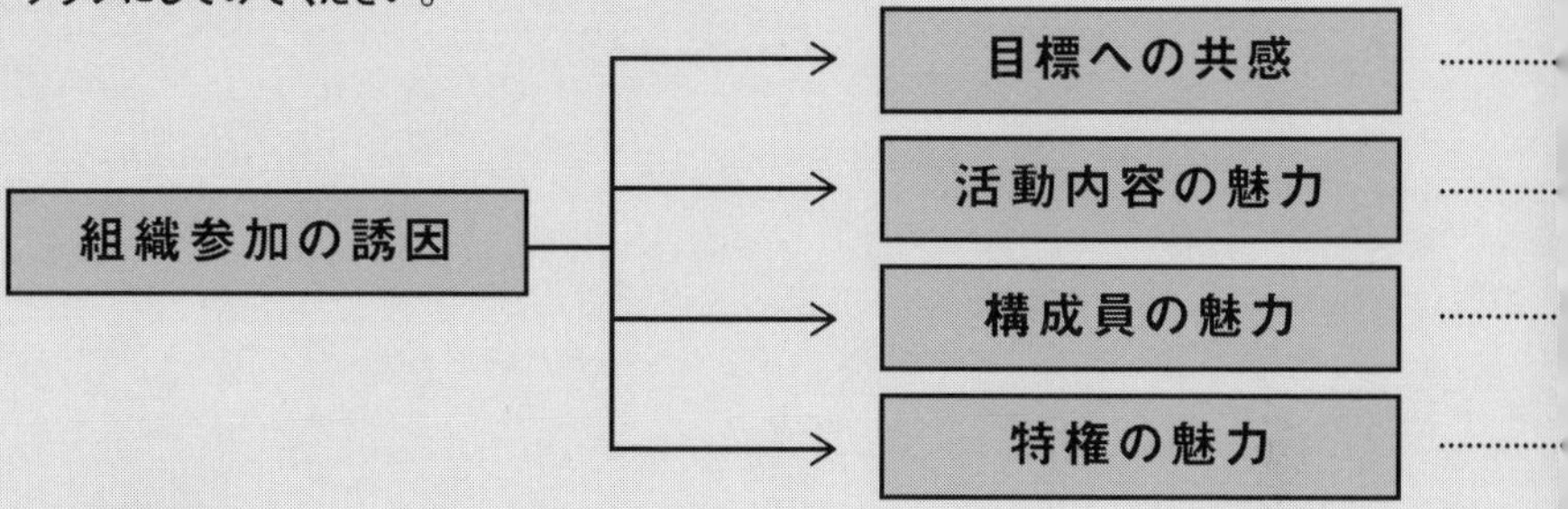

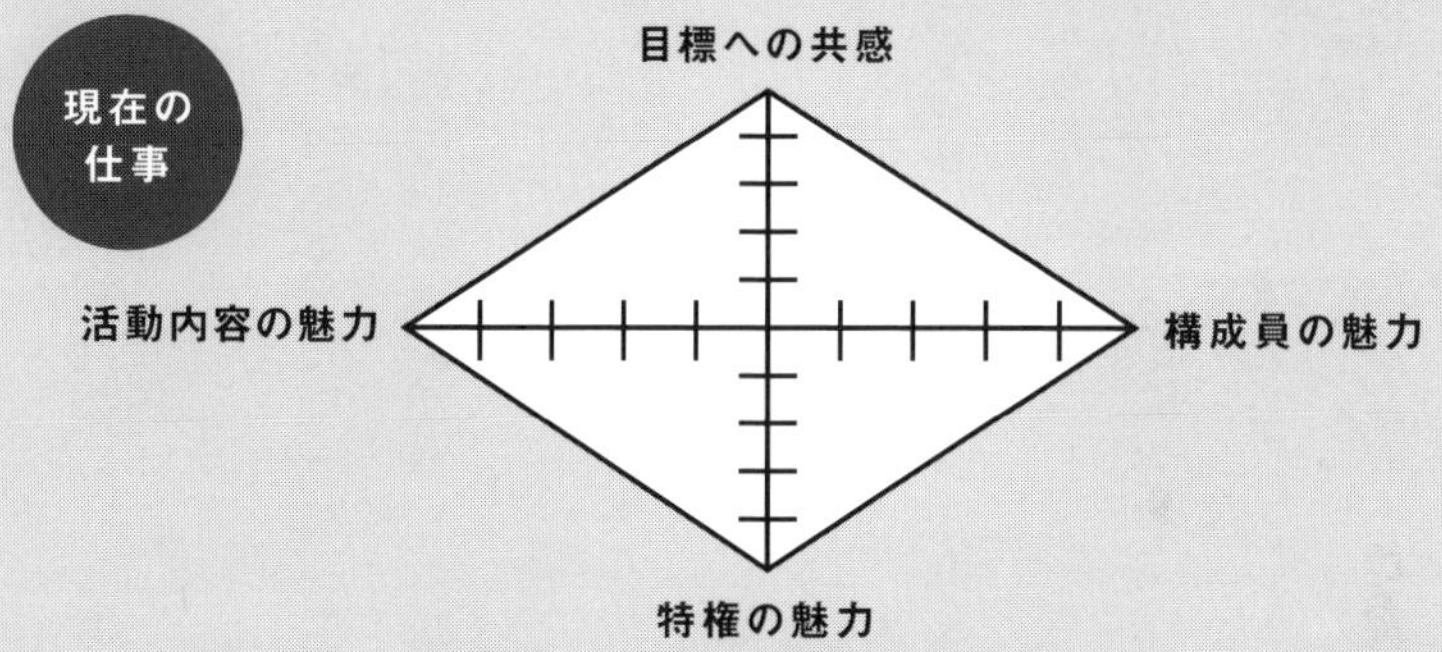

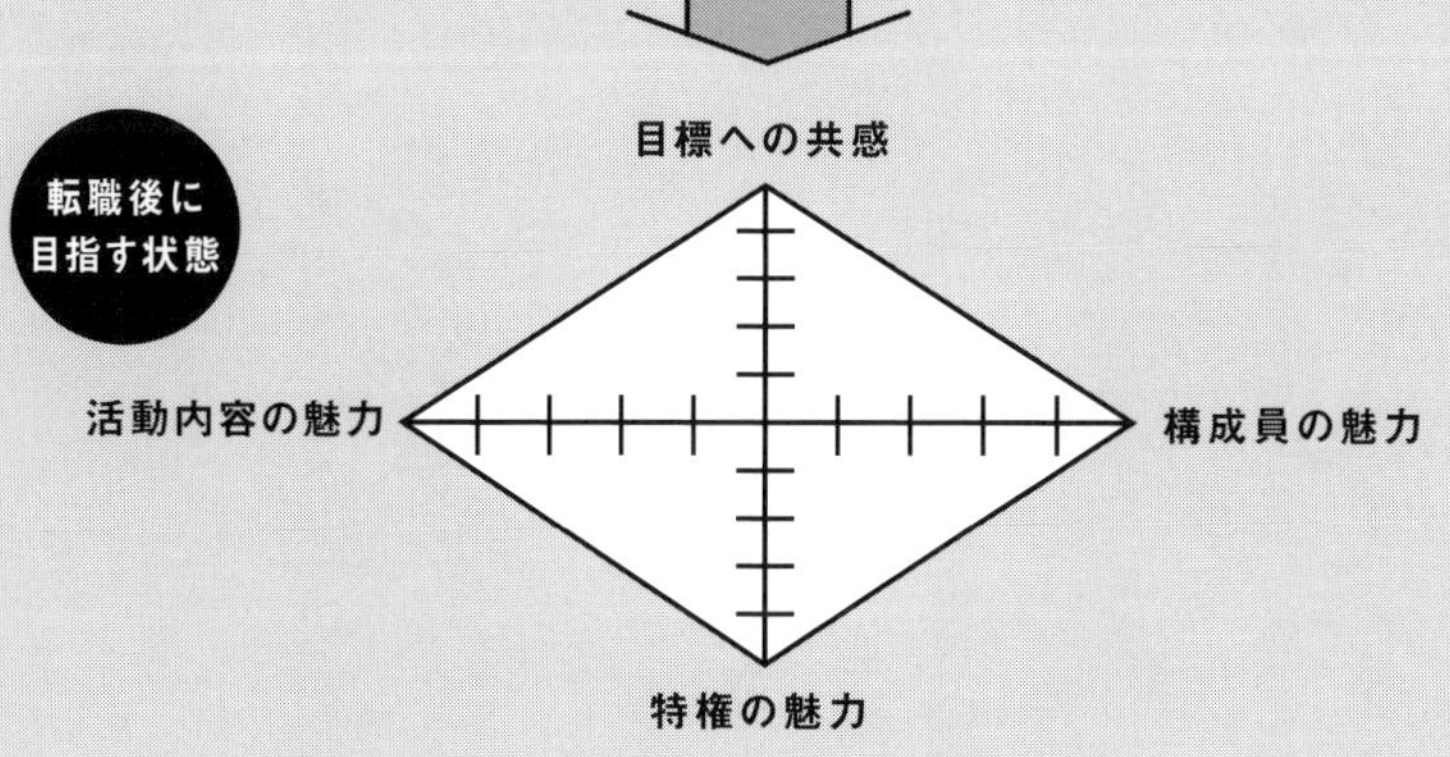

全員にとっての「いい会社」はない

35歳からの転職活動でまっさきに忘れてほしいのは、新卒の就職活動です。なぜなら、当時は変数が少なかったからです。総合職で職種経験がない。勤務地も、どこの支店に配属になるかも決まっていない。変数がまったく小さかったのです。まるで事情が違います。

学生時代はもしかすると、多くの人にとってのわかりやすい「いい会社」というものが存在したのかもしれません。「いい会社に入ったね」と周囲から言われた人もいる。しかし、転職活動では全員にとっての「いい会社」はありません。

それこそ**「ブラック企業」というのも、極めていい加減にイメージされているのが現実です。**法的なブラック企業ではない企業もたくさん含まれている。もしかすると、そうした会社のひとつが、自分にとってのベストの選択ということもあります。

給料は高いけれど仕事がハードな会社をブラックととらえる人もいますが、たとえば家族が重病で高額な治療を受けるために稼がないといけない人にとっては超ホワイト企業です。ある人にとっては、最高の会社になることもあります。

「仕事に求めること」は個人差が大きい

とにかく稼ぐ派

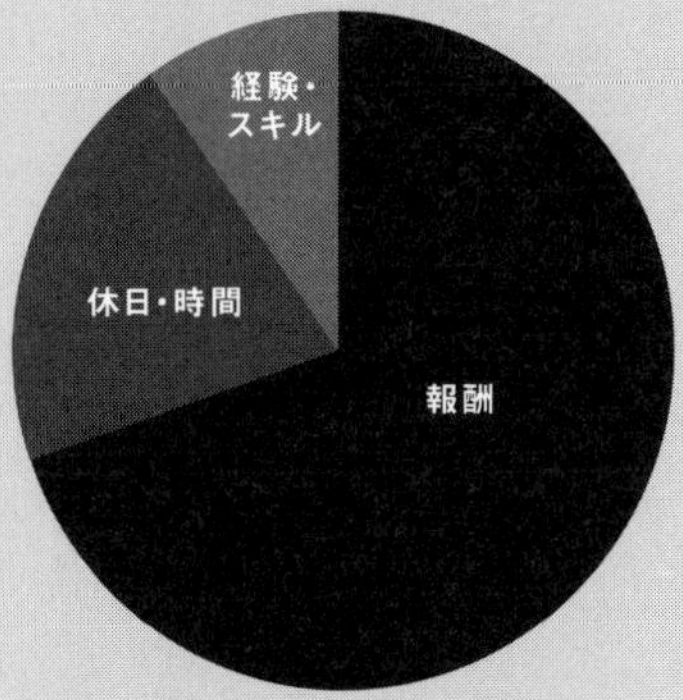

とことんやりがい派

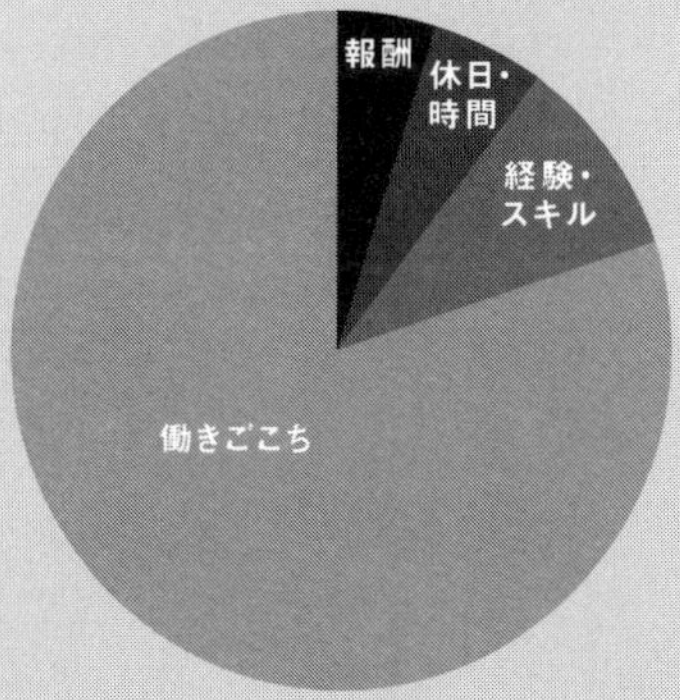

「とにかく稼ぐ派」も「とことんやりがい派」も、どちらも正解

何より大事なことは、まず自分が何を大事にするのかというモノサシを持つことです。そうでなければ、転職サイトを眺めてみるにしても、何から見ればいいのかが決まらない。**自分にとって大事なものが何かによって、見るべきものは変わっていくのです。**

とにかく業界の成長性・将来性、という人もいるかもしれませんし、勤務エリアかもしれないし、勤務時間や働きやすさ、社風かもしれない。あまりおすすめはしませんが、給料が絶対、という人もいるのかもしれません。人それぞれに違うから、見るべき項目も変えないといけないのです。

にもかかわらず、ときどき「いい会社を紹介してください」と言われることがあります。それは、「私にぴったりの靴を教えてください」と言われているようなものです。サイズもわからない、好みの色やデザインもわからない、用途もわからない、求める履き心地もわからない。

あなたにとってのいい靴の条件がわからなければ、答えようがありません。その条件によって、まったく変わってしまうからです。山を登る人のための靴と、ランニングをしたい人の靴はおのずと違う。

もちろん靴であれば、誰もが条件を提示します。サイズを測り、用途を言い、好みをショップの店員に伝える。「いい靴をください」とは言いません。ところが靴ならそれが誰でもわかるのに、会社や仕事という大事なものになるとわからなくなる。「いい会社はどこにありますか」「いい仕事は何ですか」と人に聞いてしまう。靴ですら、ちゃんと選べるのに、です。

自分にとっての「いい会社」の条件を挙げ、優先順位をつけられたら、その基軸で探せばいいのです。そのヒントになるのが、ＣＨＡＰＴＥＲ１でやっていただいたワークです。ワークを何度も振り返り、その条件を定めていってもらえたらと思います。

市場価値という言葉に惑わされない

働く人全員にとって「いい会社」はないように、どの会社にとっても「いい人材」というのは存在しません。ユニクロで価値が高い人と、ソニーで価値が高い人はまったく違います。

市場価値、という言葉が人材領域では独り歩きしている印象があります。しかし、それは産業によって、企業によって異なります。もっといえば、**あらゆる領域で市場価値が高い、などという人はいないのです。**だから、この言葉には気をつけたほうがいい。極めて危険な言葉です。市場価値という言葉に惑わされてはいけない。しかも、**市場価値＝年収という判断をしている人もいる。**まったくの誤りです。

ところが、これに引きずられてしまう人は少なくありません。年収査定ができるサイトもあるようですが、私に言わせれば、極めていい加減です。そもそも、その人のスキルを確かめることもしない、どのドメインで求められているのかもインプットしない、どの企業なのかもわからないのに、なぜ年収査定ができるのか。

今の年収を書かせるようになっているところが多いようですから、おそらく何かの係数で適当に計算しているのだと思います。年収という言葉に引きずられる人たちを、集客するためのツールにしているのではないかと私は思っています。

年収は、あなたが出せる能力が何かによって決まるのです。どんな仕事で、どんな結果が出せるのか、ということ。その自分の性能を明らかにせずして、価値を問うこと自体がおかしい。市場価値、などという漠然としたものでは決められない。

それこそ、こんなケースがありました。Ｃさんはコンサルティング会社で、Ｍ＆Ａが行なわれた後の会社でバックオフィス系の統合の仕事をずっとやっていました。給与や評価などの制度をとりまとめ、２つの統合した会社で一体化させていく。そんなプロジェクトを４件ほど経験していました。

コンサルティング会社にいたＣさんでしたが、いずれはコンサルティング会社ではなく、将来性のある事業会社で働きたいと考えていました。そこで、この経験をひっさげて、これからＭ＆Ａによって統合プロジェクトが必要になる会社に応募したのです。

面接では、自分なら1年かけてこんなことをする、というプレゼンテーションを行ないました。結果的に1500万円の年収が決まりました。会社がコンサルティング会社にお願いすることを考えれば、まったく高くない年収だったからです。

ただ、これはCさんに即戦力としての能力があったから、この年収になったわけで、Cさんにはなから市場価値があって、どの会社に行ってもこの年収をもらえたわけではありません。**できる能力に対して、会社が値段をつけただけなのです。**

人の値段ではありません。能力と提供価値の値段なのです。どこに行っても、その収入が保障されるような市場価値などないのです。したがって、転職の最も幸せなパターンとは、自分の市場価値が最もマッチするところに移ることでしょう。そこに、自分が掲げた条件が合致していることが正しい選択肢だと思うのです。

職種に縛られないほうが、可能性は広がる

CHAPTER1のワークでもポータブルスキルについて考えてもらったり、「ヒト軸」ではなく「コト軸」で、といった考え方もご紹介しましたが、職種に縛られないことがポテンシャルを大きく広げてくれるのは事実です。

ところが、年を取れば取るほど、サンクコストが上がってきて、せっかくこれまで経験を積んできたのだからと、同業や同職種にこだわったりすることが少なくありません。

特殊な資格を持っているエンジニアなどが職種にこだわるのはわからなくもありませんが、営業職でも約7割は同職種希望という印象があります。

もう15年も営業をやってきたのに、今さら別の職種はできない、という声も聞こえてきます。しかし、ここで営業にこだわると選択肢はどんどん狭まっていきます。何よりライバルが多いし、若い人の応募も多いのです。

できるだけポータブルスキルを意識し、専門職のスキルとしてではなく、対人関係でこんな交渉ができる、こういうツールを使ってこういうことができる、といった「コト軸」で考えると、応募できる職種の幅を広げられます。

もとより、同業界の同じ職種でなければ転職はできないと考えている人も少なくありません。そうでないと、経験者として応募できないのではないか、と。加えて、やったことがないことをやるのが不安だし、やれたとしても活躍できないと考えている人も多い。

異職種に転職してもうまくいかないのではないかと考える人も少なくありませんが、転職者を受け入れた会社に聞いてみると、**転職後に活躍している人の割合は、同業種同職種も、異業種異職種も変わらないそうです。**

転職の戦い方①

■ 過去の経験をできる限り活かす

A 経験がある業界・職種	居酒屋・店長 →	居酒屋・店長
	運送会社・ドライバー →	運送会社・ドライバー
B 経験がある顧客・市場	居酒屋・店長 →	カラオケ店・店長
	運送会社・ドライバー →	バイク便会社・ライダー
C 経験がある作業内容	居酒屋・店長 →	ホテル・フロント
	運送会社・ドライバー →	タクシー会社・ドライバー

転職の戦い方②

■ 過去の経験から応用できる仕事を探す

人と接する	バーのマスター →	人材紹介会社・営業
	美容師 →	アパレル店長
ダンドリ力を活かす	社長秘書 →	塾の運営スタッフ
	自動車整備士 →	菓子工場の製造スタッフ
誰かに喜ばれる	高校の体育教師 →	老人介護ホーム運営スタッフ
	看護師 →	ネイリスト

とりわけ35歳以上のホワイトカラーは、異業種異職種でも十分に受け入れられるし、行った先で思う存分活躍できるチャンスがあるのです。ですから、あなたのポータブルスキルが通用する範囲で、これまでやってきたこと、やってきた職種にこだわらず、広くチャレンジすることが大きな意味を持ってきます。

実のところ、CHAPTER1でも触れたように、企業側も求める人物を定めるとき、「これこれの業界でこれこれの経験を何年持ってきた人」という表現をしてしまいがちです。しかし、それでは対象者を狭めてしまい、もしかするとその条件には合致しないけれど、いい人材が採用できるかもしれないということに気づいていません。

ですから、私がかつてリクルートで中途採用の広告の仕事をしていたときには、営業担当者に「ヒト軸」で聞かず、解決したい「コト軸」でクライアントから聞いてくるように伝えていました。

逆にいえば、**仮に職種名にピンとこなかったとしても、持っているポータブルスキルを使えば、その職種で活躍できる可能性がある**ということです。そのためには、面接などで、あなたが持っているポータブルスキルで、求められる「コト軸」に対応できることを企業に伝えられなければいけません。

フィットするような職種が募集されていない、と嘆く前に、自分のポータブルスキルを使ってできないか、と考えてみることです。それが採用につながる可能性もあります。

転職エージェントのインセンティブを知っておく

１９９９年に規制緩和があり、それまで高度管理者、高度技術者などに限定されていた人材紹介が、全職種で可能になりました。いわゆる転職エージェントを利用しての転職です。２０００年代以後、紹介は一気に増えていきました。

ただ、**実際には今も何を使って転職を決めたのか、で最も多いのはハローワークです。**その次が縁故。さらに転職サイト、人材紹介サービスという順番です。

ハローワークと縁故は、何より企業にとって募集の費用がかかりません。また、地方都市では、ハローワークを活用するケースが今もとても多く、圧倒的なボリュームを占めています。縁故も、前の上司に誘われた、家族に知り合いがいた、友人から誘いを受けたなど、いろいろなケースがあります。

転職サイトと人材紹介は、企業にとっての有料サービスになります。サイトが約50万人、人材紹介が約10万人、合わせて約60万人という規模です。同じ有料サービスでも、やはり転職サイトの利用がはるかに多い、ということになります。

転職エージェントによる人材紹介は、転職者にとって魅力的だと考える人もいるようですが、数がこれだけにとどまっているのは、いくつかの理由があります。もし利用するのであれば、そこに注意をしておかなければいけません。

まず、転職エージェントは、成功報酬で収益を手にしている、ということです。いくら親身になって転職希望者の相談に乗ったとしても、その人が転職できないと収入を得られないのです。それどころか、時間と手間というコストが発生してしまいます。

したがって、転職エージェントのインセンティブがどんなものになるのかというと、早く転職を決められる人がいい、ということになるわけです。**これはなかなか転職が決まらないぞ、という人だと判断したら、できるだけ時間をかけたくない。生産性が下がるからです。**

そうすると、転職の成功の可能性が高い人たちを優先することになります。どういうことかというと、20代、30代前半までを優先的に扱う、ということです。その条件なら、引き合いがたくさんあるからです。

エンジニアも優先されます。同様に、転職実現の可能性が高いからです。

また、年収の約30%を手数料で手にするビジネスですから、年収が高いほど売上が大きくなります。そこで、**中高年でも年収が１５００万円以上のエグゼクティブであれば、転職のために頑張って動いてくれます。**

中途採用の決定経路の全体イメージ

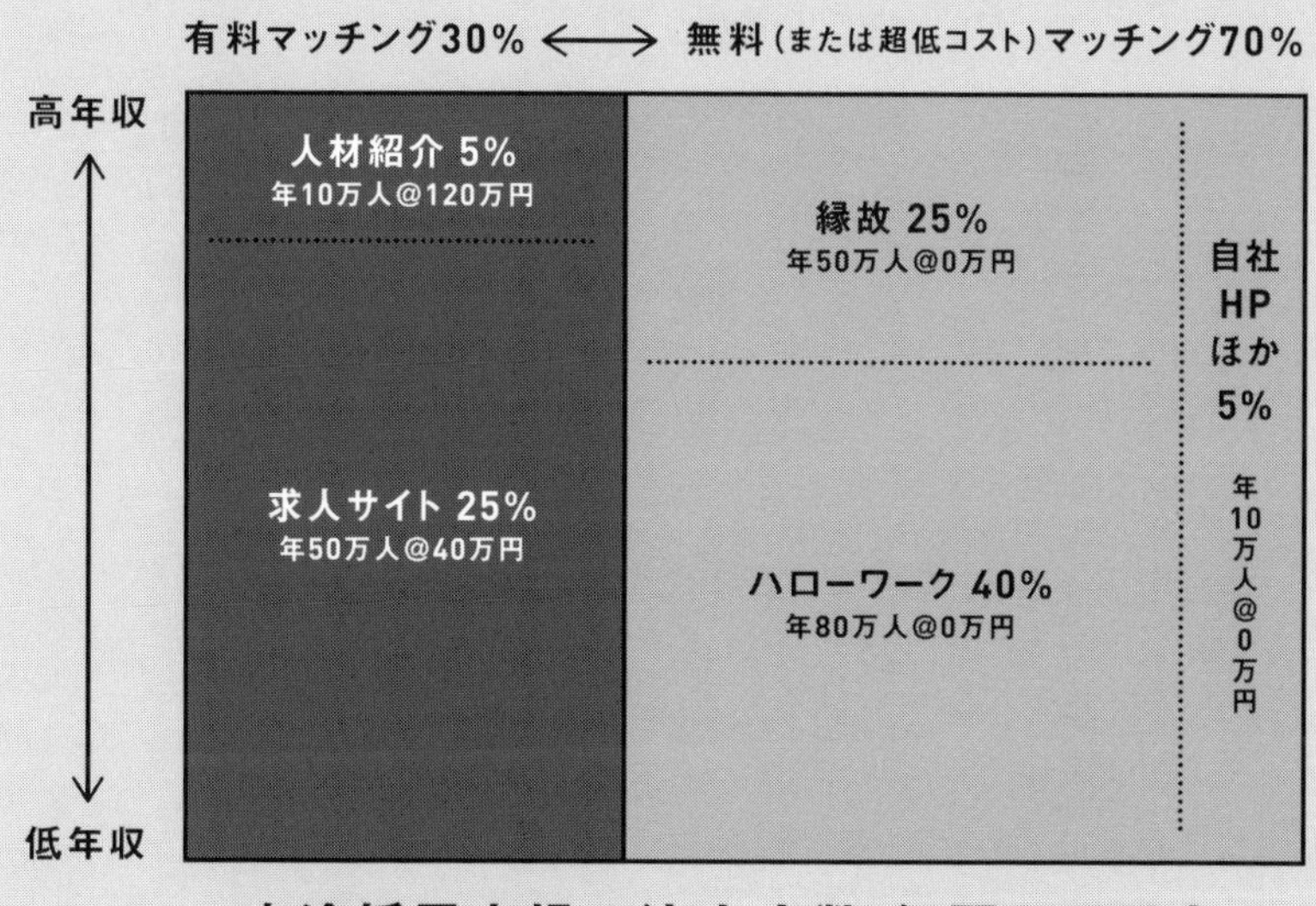

中途採用市場の決定人数：年間200万人

つまり、それ以外の人たち、典型的なのはエグゼクティブではない中高年に対しては、親身になって話を聞いてもらえることを過度に期待できないということです。ビジネス的な観点から見ると最も成功率が低いのが、このゾーンの人たちなのです。

これは転職エージェントが不親切だということではありません。あくまで現時点のビジネス構造として、そうならざるをえない性質であるということです。転職エージェントの構造を知ることで、過剰な期待を抑えることができます。

最もベーシックな転職活動の方法は、転職サイト

それでも転職エージェントを使ってみたい、ということになったら、もうひとつ注意したほうがいいことがあります。

たとえば、**まだ真剣に転職を考えていない、どうしようか迷っている、などという態度を見せれば、たとえ会えたところでまともに話は聞いてもらえません。**本気度が低い人を相手にして、時間ばかりかかって転職が実現しないのであれば、いつまでたっても収益が得られないからです。

さらに、年齢が高いほど、また転職回数が多いほど会ってもらえなくなる。失業中の場合も、

ハードルが高い印象があります。会いません、と直接言われることはなかなかないと思いますが、「希望に合いそうな案件はありません」と言われる可能性が高い。

転職エージェントを使うことを考えている人は、「すぐに転職することはない」「まだ本気ではない」というニュアンスで接することはおすすめしません。これでは、転職エージェントはまず動いてくれないからです。

エージェントにも、リクルートエージェントやデューダ、マイナビのような大手総合エージェントもあれば、ブティックエージェントと呼ばれるＩＴ専門、建築専門など中小の専門エージェントもあります。

さらに、プロ経営者など高年収のスペシャリストだけを紹介するエージェントもあります。これらを突き抜けたところにあるのが、いわゆるヘッドハンティングの世界です。これは、求職していない人に声をかけます。むしろ、求職していない人のほうがいい。

ヘッドハンターたちは、転職サイトなどに登録している人は好みません。むしろ転職意向のない人たちを口説きにいくのが商売なのです。多くのケースで、どこどこの会社にいる誰、くらいまではっきりしていることが多いです。その代わり、報酬も極めて高い。

となってくれば、最もベーシックな転職活動の方法は、転職サイトを活用することです。サイト登録をしておく。これが一般的には最もメジャーな方法です。

転職サイトには、たくさんの求人情報が出ています。したがって、**ただ眺めていても、そうそう候補が見つかるものではありません。**だからこそ、どんな条件を優先するのか、という順位付けが重要になるのです。

また、職種名に惑わされずに、仕事内容をしっかり見ていくことです。自分のポータブルスキルで対応できる可能性があるからです。

個人的に、最も有効な転職の方法は、なんといっても縁故だと思っています。お互いに接点があるところで紹介されるので、安心感のあるところからスタートができます。10年以上、仕事をしているのであれば、何か縁故はないか。それをまずは考えてみることをおすすめします。

転職が難しい「供給過多の職種」とは、どんなものなのか

転職市場でもメカニズムが働くのは、需要と供給のバランスです。転職したい人がたくさんいる職種や会社は、どうしても条件が厳しくなる。

30代以上の転職支援で、最も多い悩みの内容は「希望する会社に応募しても、なぜかことごとく不採用になる」「応募したいと思う会社が見つからない」というものです。

逆に、人材を募集している会社からいただく悩みは、「応募者がまったく集まらない」「応募者はいても、魅力的な人材がいない」といったものがほとんどだったりします。

人材を求める会社側と求職者のミスマッチがなぜ、こんなに多いのか。それは、「欲望の二重の一致」が起こりにくい転職市場の構造があるからです。

転職市場におけるミスマッチは、企業側・求職者側双方にとって悩ましい課題ですが、これは職種によってとても大きなばらつきがあるのです。職種以外でも、

企業側　＝「地域」「企業規模」「知名度」「業種」
求職者側＝「学歴」「経験年数」「スキル・資格」「転職回数」「退職理由」

など、多様な因子があります。ミスマッチを生む最も大きな因子は、「職種ごとに異なる需給バランス」にあります。

つまり、仕事を探す求職者側の視点であれば、「どんな職種で仕事を探すか?」を決めた時点で、転職成功の難易度はほぼ確定してしまう、といっても過言ではありません。これを、需給バランスや需給の量、仕事の性質でシンプルに分けると、左図のような4分類になります。

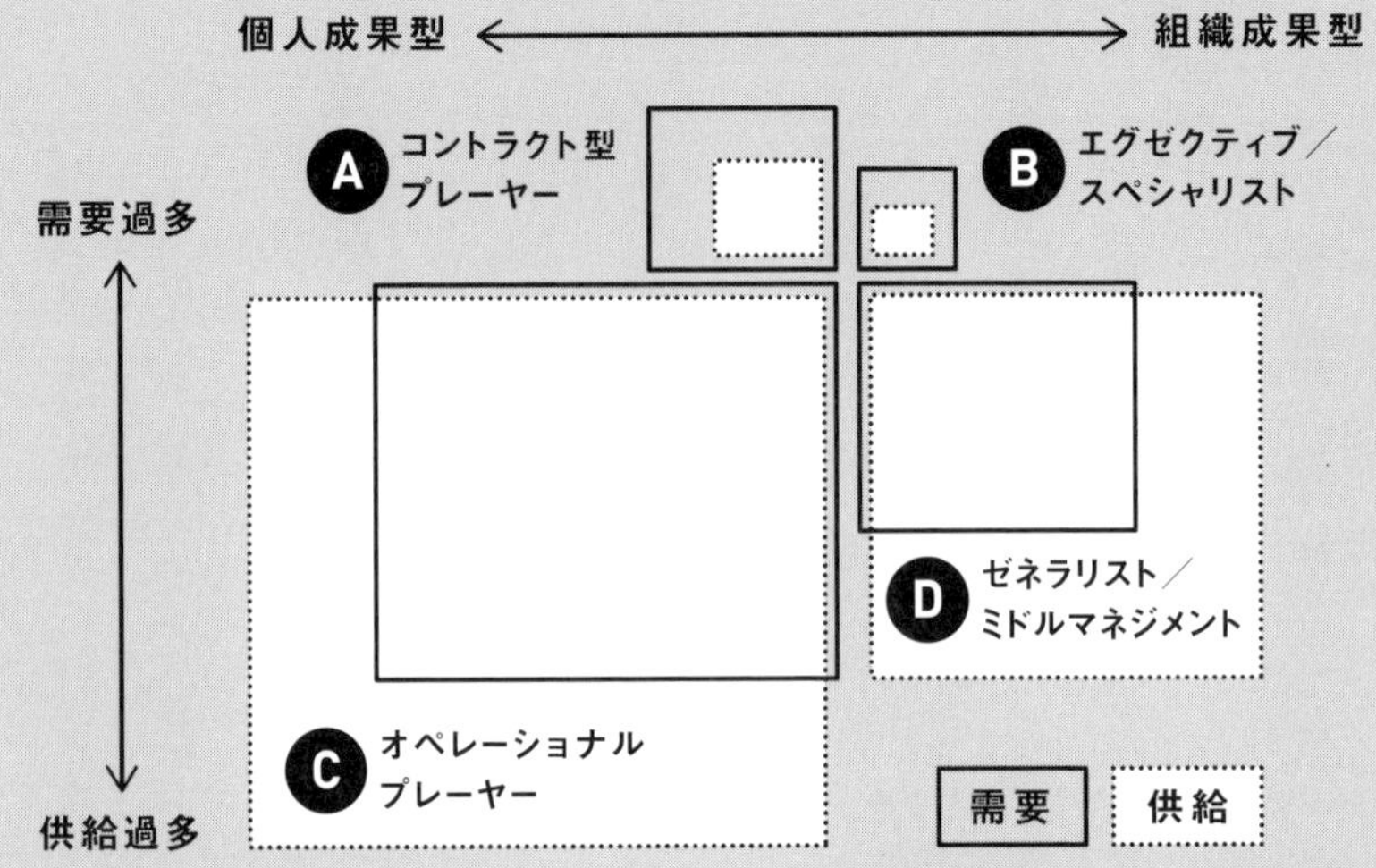

A ハイリスク・ハイリターンの「コントラクト型プレーヤー」

職種例　個人向け高額商品・サービス（住宅、リフォーム、生命保険、自動車など）の営業、セールスドライバー、個人向け金融サービス営業、店長候補（外食系）ほか

B 組織成果を求められる「エグゼクティブ」「スペシャリスト」

職種例　経営者、CFO（最高財務責任者）、M&A（合併・買収）スペシャリスト、知財・法務系スペシャリスト、経営企画・事業企画、ウェブ系開発エンジニア（プロジェクトマネジャー）、金融系スペシャリスト、経営コンサルタント、施工管理技術者、薬剤師ほか

C 定型的なタスクを処理する「オペレーショナルプレーヤー」

職種例　ルートセールス、営業事務・一般事務、受付、プログラマー、販売・接客、警備・ビルメンテナンス・施設管理、コールセンターオペレーター、倉庫内・工場内作業員ほか

D 組織貢献型の「ゼネラリスト」「ミドルマネジメント」

職種例　法人向け営業（メーカー、商社、IT、サービス）、人事・総務、広報・宣伝、管理職（営業・管理・情報システム・企画各部門の部長・課長クラス）ほか

A　ハイリスク・ハイリターンの「コントラクト型プレーヤー」

個人で生み出す成果が重視される高付加価値な職種です。固定給比率が低めで、成果型の報酬比率が高いケースが多いことから、「ハイリスク・ハイリターン」という印象を持つ人が多い。そのため景気変動に関係なく、いつも一定の求人需要がありながら、希望者（人材供給）が少なく、常に人手不足になっている領域です。

正社員・業務委託契約、場合によってはフランチャイズ型などの雇用形態でも募集されることが多く、転職サイトやエージェントからのスカウトも最も活発に行なわれています。

B　組織成果を求められる「エグゼクティブ」「スペシャリスト」

組織としての成果を最大化するために、結果に対する強いコミットメントを求められる領域の職種です。場合によっては、年収3000万円クラスの求人もある超高付加価値型の領域です。

事業の中核を司る職種だけに、求人件数は最も少なく、転職サイトなどの公開型の求人よりも、ヘッドハンターやエグゼクティブ専門エージェントが秘密裏に動いてマッチングするケースが多いのも特徴です。

求人件数は少ないものの、求められる経験やスキルに細かい条件がつくことが多いために、適合する求職者より求人（需要）のほうが多く、相対的には採用難と言われることが少なくありません。

ただ、いったん求人が公開されると、相対的に年齢が高めの採用事例が多く、年収水準が高く魅力的に見えることもあり、企業側から見て募集要件の対象外の求職者を含む大量の応募が殺到して混乱するケースもあります。

ビジネス系のエグゼクティブの場合、人材要件が言語化しにくいことや、後述のD領域との境界が不明瞭なことも、ミスマッチを発生させる要因となっています。

C 定型的なタスクを処理する「オペレーショナルプレーヤー」

契約社員、派遣、アルバイト・パートも含めて、最も求人の数が多いのがこの領域です。手順や業務パターンがシンプルで定型的な業務や運用的な業務が多く、そうした業務が生み出す期待利益に連動して、賃金水準も雇用の安定性も低くなりやすい領域です。

相対的に募集要件も緩やかなだけに、求人需要に対して対象となる求職者数も多く、D領域で転職先が決まらない人からの流入も加わるため、よりいっそう供給過多になりやすいゾーンです。

D 組織貢献型の「ゼネラリスト」「ミドルマネジメント」

いわゆる正社員の転職に限定した場合、最も求職者数が多いのがこのD領域です。総合職型の正社員として、組織貢献を求められるゼネラリストやミドルマネジメントの方々です。

高付加価値な組織成果を求められる領域でありながら、特に日本の場合、一貫したスペシャリストとしてのキャリアを積みにくく、「新入社員で配属されたのはA事業部の新規開拓営業、3年後にB事業部の既存顧客向け営業に転属され、7年目からは営業企画部門でリーダー」のように、組織のなかで必要に迫られた経歴となり、「なんでも屋ではあるが、何屋とも答えられない」という状況に陥りがちな側面があります。

幹部選抜の競争率が激しく、それゆえに年齢が上がるほど求人需要が減少しやすく、ごく一部の人だけがB領域に進む構造になっています。さらに、経済構造の変化も相まって、大半の方が社内・社外にかかわらず「望まないキャリアチェンジ」を迫られるケースが目立っているゾーンです。

また、大規模な組織になればなるほど、部下やアウトソース先に依存することが増えて、現場から遠ざかりつつ、管理職となって賃金が上昇するために、かえって転職や異動が難しくなるという、ダブルのマイナス効果もあります。

戦略的に動いた3人のケース

役職定年やM&A、業績不振などを起点に、企業側が戦略的な人材の代謝を進めるために、これまで組織に貢献してきた人が、突然転職市場に出ることになった場合、この構造の影響で多数のミスマッチが生まれています。

特に、正社員に限定すると、「DからBに移動したい」「Dのままでキャリアを磨きたい」という希望を持たれる方が多いのですが、極めて高い要件ハードルのBと供給過剰なDでは、その希望を受け入れられる余地は多くありません。**結果的に、希望の有無にかかわらず、供給過多で需要の絶対数の多いCへの移動を促される構造になっています。**それでもBやDの領域を志向する場合は、高い競争率を突破する戦略と行動が必要になります。

これまでやってきたキャリアを活かすには、会社を超えても通用する競争優位なスキル水準を獲得するために、これまでの2倍、3倍の努力が必要になる、というのが実情なのです。

では、戦略と行動をどう活かすか。3つの例をご紹介しておきましょう。

1つは、**これまでのご自身の経験を「資産」ではなく、「負債」ととらえて、過去のキャリアを活かすのではなく「超える」という考え方をする**ことです。

大手情報開発会社に営業職として勤務していたDさん（41歳）は、初めての転職活動で面接に行った会社で、これまでの会社で評価されてきた経験がまったく評価されないことに気づき、驚愕しました。しかし、ゼロリセットでやり直すのは時間がかかりすぎると考え、経験値をバラバラに分解。使えるものと捨てるものに分別し、「使えるキャリア資産だけをベースにしながら、いかに自分の過去を超えられるかにチャレンジしよう」と考えました。

現在は、通信系のベンチャー企業で社長室長（執行役員）として活躍されています。

2つ目の事例は、大手のインターネット関連会社を経て、大学のキャリアセンターで学生の就職支援をしているEさん（39歳）。まったく別の世界に飛び込む転職でした。

もともと人事として新卒採用をしていた経験があり、そもそもの業種ごとの違いからくるカルチャーギャップ、受け入れる企業側と送り出す学校側の違いなど、当初は相当に困ったようです。

しかし、3年目に入って課長に昇進。その理由を聞くと、「異文化に飛び込んだ者として、いかに謙虚に学ぶかを心がけました。でも、年齢も年齢なので、成果を出すための提案や行動は年齢なりに物怖じせずにやり切りました」。

インプットは謙虚に、アウトプットは大胆に。結果につなげていくこのバランスも、うまくいく人のひとつの共通点です。

3つ目の事例は、中堅広告代理店でエグゼクティブディレクターをしていたFさん（44歳）。当初は、応募した会社から軒並み不採用を突きつけられました。その結果、すべてを望んでいては身動きが取れない、と腹をくくったといいます。**今後、元気に働ける20年で得たいものを3つだけに絞り込みました。**

財産を持てば持つほど守ろうとするのが、人情です。仕事に関しても同じで、仕事の醍醐味、役職、年収、会社の知名度、部下の数、通勤の便など、いったん自分にとって住み心地のいい場所や条件を手に入れると、転職を迫られたとしても、どれもこれも全部守りたいと考えてしまうのも不思議ではありません。しかし、Fさんは、3つだけに絞り込んだのです。

そして一番重視した「モノづくりの現場の第一線で能力を活かすこと」に絞り、食品メーカーのパッケージデザインのマネジャー職に就かれました。

年収は前職から半減。しかし、心理的な満足度は以前よりも高まった状態で働いておられます。

40歳を過ぎても企業からオファーを受けやすい人の共通点

❶ 思考に柔軟性がある

希望する会社の条件（規模・知名度など）、やりたい仕事やポジション、年収などの希望条件などが硬直的で、1ミリの条件違いも認めないという方がたまにいます。転職市場はナマモノで、売り手・買い手の合意あってのマッチングなので、売り手側の事情や都合だけではコトが進みません。

❷ 想像力が豊かである

実際の相場観を知らなくても、「求人票から読み取れる、企業のホンネの募集条件・求められている人材像」「どういう応募者が集まっていそうか、そのなかでの自分の優位性は何か」「採用する側が自分を採用する場合に考えるであろうリスク」などを考えたうえで、どのように書類を書くか、面接で何を話すべきかなどの作戦立案ができる。こういう人は結果的に、転職に対する期待値を上げすぎず、下げすぎず、感情的にも安定した状態で求職活動を継続できる確率が高まります。

❸ 素直さがある

転職を経験すればするほど、慣れが発生して、転職エージェントをあしらうようになる人がいます。複数のエージェントに条件だけ伝えて、希望に近い案件を待つだけ、という人もいます。一方で、素直さのレベルが高い方は、いつも新鮮で、転職エージェントに対してもぶっちゃけた発言が多く、結果的に親近感が高まります。エージェントをファンにつければ、彼らが頑張ってくれて案件開拓につながる効果もあります。

気をつけたいキーワード「いま、ここ、自分志向」

最後に、35歳からの転職を成功させるために「いま、ここ、自分志向」という3つのキーワードをご紹介しておきたいと思います。この3つのキーワードが先行する状態は、なんらかの焦りがあるケースだからです。普段よりも視野狭窄になり袋小路に入りかけている可能性があります。

1つ目の「いま」というキーワードは、**転職した瞬間から、一定以上の役割や報酬を求めてしまう**ことです。「転職後すぐ部長以上の役割を担いたい」「入社した段階から前職水準の年収を確約してほしい」という人がおられます。こういう場合、相思相愛で最終面接まで進み、ほぼ内定が決まりそうな場面でも、条件面での考え方の違いで破談になることもあり、活躍機会を逃してしまう残念な事態になりがちです。

守るべき家族や生活がある以上、特に経済面での安定性の確保が最優先されることは当然です。ただ、逆の観点から見ると、雇用する側にも「採用した人が必ずしも自社の風土や業務に適性を発揮して活躍してくれるかどうかわからない」というリスクがあります。

特に業界や職務に明るい方であれば、自分なりに生み出せる成果もある程度、見通せるはずです。半年後や1年後にどれだけの成果を出せば、どんな待遇が得られるのかを確認しつつ、入社直後の双方にとってのテスト走行期間は、いくらかの条件的譲歩をすることも有効な戦略になりえます。「時間を味方につける」という考え方も視野に入れてみては、と思います。

2つ目の「ここ」は、求人案件の重要な選択肢となる業界や仕事・地域を主に指しています。業界や仕事については**「今までやってきた業界」「今まで担当してきた職種」しか選択肢に入らないという〝限定型〟**と、**「絶対に考えたくない業界」「決して検討したくない職種」が多い〝食わず嫌い型〟**があります。

「これまで積み上げてきた経験という財産を手放したくない」という気持ちはとても自然なものですが、「自分が気づいていなかった強みが発揮できる機会」や「自分の経験が意外なところで転用できる機会」まで潰してしまうのはもったいない、と思える場面は本当に多い。

また、地域についても、**長く暮らしている地域や通勤可能な範囲に過剰にこだわる〝テリトリー型〟**があります。家族の介護や健康に関することなど、やむを得ないケースを除けば、エリアを広げるだけで選択肢が10倍以上に増えることもあります。

3つ目の「自分志向」は、「自己の能力を固定的なものとしてとらえない」ということです。時間を味方につけられていない現象のひとつですが、これは「自分の能力はこれ以上、進化も成長もしないもの」ととらえてしまうリスクです。

特定の分野での経験やスキル、知識を豊富に持っていることと、今後の自分の成長は本来は無関係なはずです。ところが、経験値が高い人ほど、無意識のうちに上限値を決めているふしがあります。ここに自己評価のズレが重なると、求人を選択する基準にブレが生じて、自分の力が必要とされたり、生かされるであろう求人を見落としたり、逆に自分のキャリアが必要とされにくい会社ばかりに応募を続けてしまい、やがてキャリアの迷子になってしまいます。

自己評価のズレのなかには、特定の環境やコンディションに依存していたこれまでの実績を拡大的にとらえてしまい、周囲の評価よりも自己評価を高めに自覚しているケースもあるのです。

逆にかなり応用範囲も広く、他業界から見てもかなり高い評価を得られる力量がありながら、ご自身で過小評価してしまっているケースもあります。先に異業界に転職した先輩や、異業種の知人・友人、転職に詳しい人、場合によっては転職コンサルタントなど、自身のキャリア価値を客観的にアドバイスしてくれる人を複数見つけて、転職市場における自分自身のキャリア価値を常に把握しておくことを、強くおすすめしています。

おわりに

誰もが幸せな仕事キャリアを築きたいと考えています。しかし、それはじっとしているだけでは手には入らないということを、強く認識する必要があると私は思っています。

会社員として何も考えずに働き、一生安泰に過ごせた時代があったのも事実です。しかし、そんな時代はもう終わってしまった。一人ひとりが自分に向き合い、しっかりと考え、自らを成長させる努力を続けなければならない。あるタイミングでは、思い切った挑戦もしなければならない。**失敗をしたくないから、とじっとしていたら、それは大きなリスクにつながる可能性があります。**

そしてもうひとつ、たくさんのミドルの転職サポートをしてきて、なかなかうまくいかない人に共通している考え方があることにも気づきました。それが、「他責」であることです。すべて誰かのせい、何かのせいにしてしまいがちな人が、意外に多いのです。たとえば、

新卒で就職した時期の景気が良くなかった。

採用状況がかなり厳しかった。

行きたい業界が募集をしていなかった。

思うような就職ができなかった。

たしかにそういうこともあるでしょう。しかし、これは自分ではどうしようもないことです。にもかかわらず、いつまでも、自分がうまくいかないことをこうした外部環境に押しつけてしまう。

仕事がうまくいかないのは、会社のせいだ、上司のせいだ、同僚のせいだと、まるで居酒屋での愚痴のようにこぼし続ける人もいます。しかし、**自分には問題はなかったのか、ということについては向き合えていない。見ようともしていない。**

特定の世代をとにかく攻撃する人もいます。あいつらだけがいい思いをした。それに比べて自分たちは、と。ただ、特定の世代の全員がいい思いをしてきたわけではありません。また、他の世代が想像しているほど、その世代を生きていくことはラクではなかったはずです。

他責の姿勢は、人生のすべてにつきまといます。それこそ採用面接でも出てしまう。それが、採用を検討している企業にどんな印象をもたらすか、想像いただけると思います。

残念ながら他者は変えられません。変えられるのは、自分だけ。そのためにも、自分自身ととにかく向き合うことです。それが、新しい人生の第一歩になります。

最後になりましたが、本書の制作にあたっては、大和書房編集部の三輪謙郎さんにお世話になりました。また、構成にあたっては、ブックライターの上阪徹さんにお世話になりました。この場を借りて、御礼申し上げます。

35歳のみなさんが、すばらしい仕事キャリアを歩まれますことを。

2020年7月　黒田真行

黒田真行 (くろだ・まさゆき)

ルーセントドアーズ株式会社代表取締役。ミドル世代専門転職コンサルタント。

1965年生まれ。1989年、関西大学法学部卒業後、株式会社リクルートに入社。「B-ing」「とらばーゆ」「フロム・エー」関西版編集長を経て、2005年から8年間、転職サイト「リクナビNEXT」編集長を務める。その後「リクルートエージェント」ネットマーケティング企画部長、「リクルートメディカルキャリア」取締役などを歴任。1万2000人を超える転職者・経営者・人事責任者への取材経験から、転職活動の具体的ノウハウや心理的支援、日本の中途採用市場、マッチングの構造に精通する。

2014年、「ミドル世代の適正なマッチング」を目指し、ルーセントドアーズ株式会社を設立。35歳以上に特化した転職支援サービス「Career Release40」を運営している。

2019年、転職を前提としない中高年のキャリア相談プラットフォーム「CanWill」開設。また、転職メディアや人材紹介事業などの人材ビジネス各社の経営課題解決を支援する事業強化コンサルティングも展開している。

著書に『転職に向いている人 転職してはいけない人』(日本経済新聞出版社)、『40歳からの「転職格差」』(PHPビジネス新書)、『採用100年史から読む 人材業界の未来シナリオ』(佐藤雄佑氏との共著、クロスメディア・パブリッシング)がある。

35歳《さい》からの
後悔《こうかい》しない転職《てんしょく》ノート

2020年8月1日　第1刷発行

著者　黒田《くろだ》 真行《まさゆき》

発行者　佐藤 靖

発行所　大和《だいわ》書房
〒112-0014 東京都文京区関口1-33-4
電話　03(3203)4511

ブックデザイン　山之口正和(OKIKATA)
編集協力　上阪徹
本文印刷　厚徳社
カバー印刷　歩プロセス
製本所　ナショナル製本

ISBN 978-4-479-79733-3

http://www.daiwashobo.co.jp/